子育て支援

ひだまり通信

遊びとしつけの
上手なコツ

高山 静子 著

はじめに

「ひだまり通信」は、「ひだまりサロン」という子育て支援の場で、月に一回配布していた通信を元にしています。
私は、子育て中に保育士の資格を取り、保育士に転職をした経験をもっています。その後、赤ちゃんの保護者への支援の必要性を感じ、子育てひろばを始めました。保育園や地域には、心理学や教育学の本には書かれていない「生きた知恵」があります。その「生きた知恵」を言葉にすることができないかと、苦心して書いたものがこの通信です。
赤ちゃんや幼児を育てる親の悩みは、どこか似ています。みんなでおしゃべりをしながら、「子どもってどうしてこんなことをするんだろう」「こういうときみんなどうしているの？」と話題になったことを、毎月通信に書いてきました。

ひろばの様子

ひだまりサロンで配布されていた「ひだまり通信」

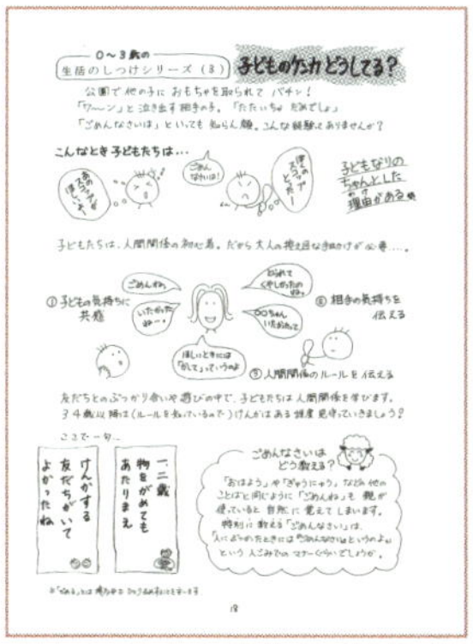
0～3歳の
生活のしつけシリーズ（3）
子どものケンカどうしてる？
公園で他の子におもちゃを取られてバチン！
「ワーン」と泣き出す相手の子。「たたいちゃだめでしょ」
「ごめんなさいは」といっても知らん顔。こんな経験はありませんか？
こんなとき子どもたちは…
子どもなりのちゃんとした理由がある
①子どもの気持ちに共感
②相手の気持ちを伝える
③人間関係のルールを伝える
友だちとのぶつかり合いや遊びの中で、子どもたちは人間関係を学びます。
ここで一句…
けんかする友だちがいてよかったね
ごめんなさいはどう教える？
「おはよう」や「ぎゅうにゅう」などの他のことばと同じように「ごめんね」も親が使っていると自然に覚えてしまいます。
18

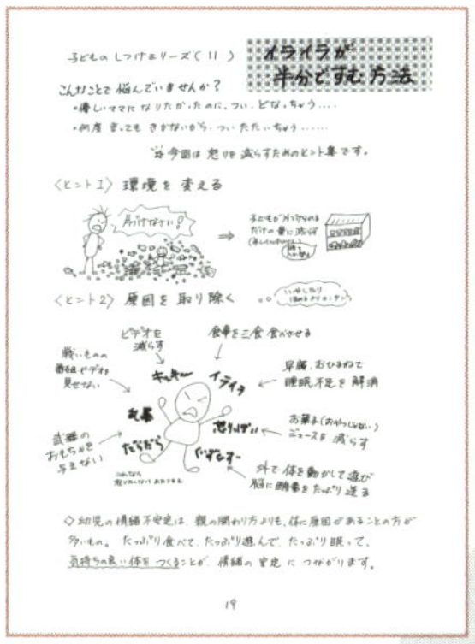
子どものしつけシリーズ（11）
イライラが半分ですむ方法
こんなことで悩んでいませんか？
・優しいママになりたかったのに、つい、どなっちゃう…
・何度言ってもきかないから、つい、たたいちゃう……
☆今回は怒りを減らすためのヒント集です。
〈ヒント1〉環境を変える
片付けなさい！
〈ヒント2〉原因を取り除く
ビデオを減らす
食事を三食食べさせる
早寝、おひるねで睡眠不足を解消
お菓子（おやつじゃない）ジュースを減らす
外で体を動かして遊び脳に酸素をたっぷり送る
◇幼児の情緒不安定は、親の関わり方よりも、体に原因があることの方が多いもの。たっぷり食べて、たっぷり遊んで、たっぷり眠って、気持ちの良い体をつくることが、情緒の安定につながります。
19

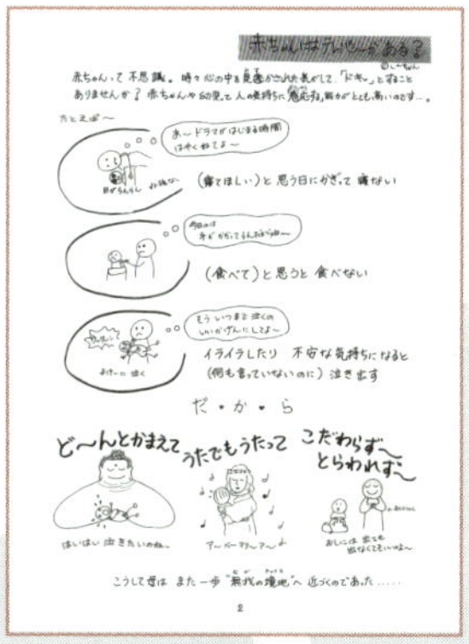
赤ちゃんはテレパシーがある？
たとえば～
あ～ドラマがはじまる時間 はやく寝てよ～
（寝てほしい）と思う日にかぎって寝ない
（食べて）と思うと食べない
イライラしたり 不安な気持ちになると（何も言っていないのに）泣き出す
だ・か・ら
ど～んとかまえて
うたでもうたって
こだわらず～
とらわれず～
はいはい 泣きたいのね～
こうして母はまた一歩"無我の境地"へ近づくのであった……
2

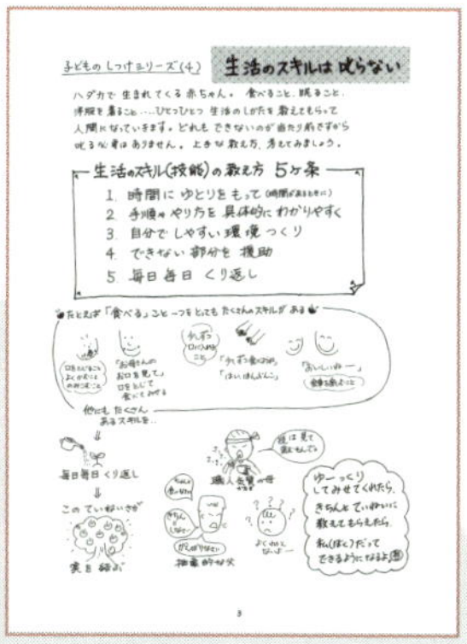
子どものしつけシリーズ（4）
生活のスキルは叱らない
生活のスキル（技能）の教え方 5ケ条
1. 時間にゆとりをもって
2. 手順ややり方を具体的にわかりやすく
3. 自分でしやすい環境つくり
4. できない部分を援助
5. 毎日毎日くり返し
たとえば「食べる」こと一つをとってもたくさんのスキルがある
他にもたくさんあるスキルを…
毎日毎日くり返し
このていねいさが
実を結ぶ
ゆーっくりしてみせてくれたら、
きちんとていねいに教えてもらえたら、
私（ぼく）だってできるようになるよ
3

子育ては学習性の行動といわれます。女性でも男性でも、本能で子育てができる人なんかいるわけがありません。昔から、みんな誰かに助けてもらいながら、見よう見まねで子育てを行ってきました。
しかし、最近では、かつては地域で自然に得られた子育ての知恵を得ることは難しく、公園で情報交換をしたり、子育て支援を利用したりすることが必要となりました。

この本を、みなさんが自分らしい育児を発見していくための参考にしていただければと思います。子どもといっしょに泣いたり笑ったりしながら、少しずつわが子やわが家に合った子育てを見つけていってください。そして、もしも一人きりで子育てをしている人を見かけたら、あなたの知恵を伝えてあげてほしいと思います。

どうぞ、この本がみなさんのお役に立ちますように……。

子育て支援

ひだまり通信 遊びとしつけの上手なコツ

もくじ

はじめに ………………………… 2

詩・育児には正解がない …………………… 6

第1章 子どもを理解する

赤ちゃんと遊ぼう ………………………… 8
動くことは人間になること ………………… 10
ハイハイからたっちまで …………………… 12
赤ちゃんにはテレパシーがある？ ………… 14
人見知りで困っています …………………… 16
子どもは散らかし魔 ………………………… 18
表情はメッセージ …………………………… 20
てこずる２歳児 ……………………………… 22
1、2、3歳は強情っぱり!? ………………… 24

詩・ちょうどいいのがちょうどいい …… 26

第2章 ちょうどいい関係づくり

親子のやりとり ……………………………… 28
ちょうどいい遊び …………………………… 30
ちょうどいい暮らし ………………………… 32
親中心でもなく、子ども中心でもなく …… 34
わが子を透明な存在にしないために ……… 36

詩・幸せの見つけ方 ………………… 38

第3章 遊びとしつけ

思いは態度で表そう ………………… 40
叱ることを怖がらないで …………… 42
遊びで世界を知る …………………… 44
遊びは心の栄養 ……………………… 46
想像力を育てよう …………………… 48
明るく楽しく愉快なしつけ ………… 50
外遊びってすばらしい ……………… 52
環境をつくろう ……………………… 54
意欲のある子は早寝早起き ………… 56
トイレトレーニング ………………… 58
おやつとお菓子 ……………………… 60

幼稚園・保育園・子育て支援の先生方へ

お便りとして配布するときは…

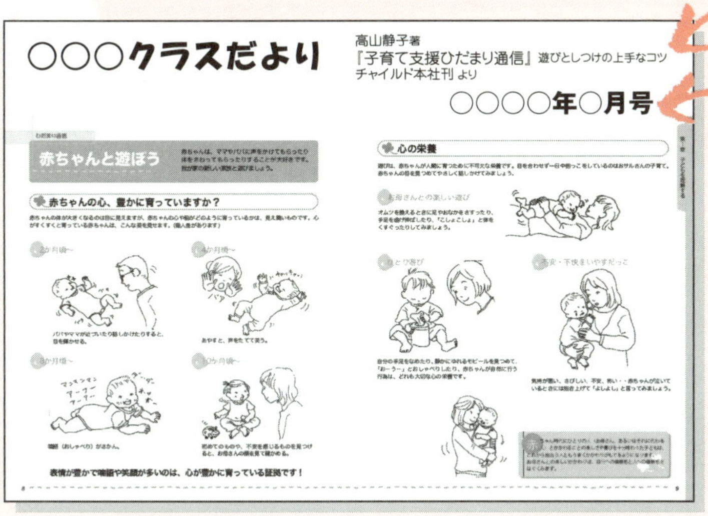

利用の際は、著者名、書名、発行者名を必ず明記してください。

A4 に片面ページずつコピーしたり、B4 に縮小コピーしたりすると、上部分にスペースが生じます。そこに園名、クラス名、発行年・月や号などを入れることができます。

季節のあいさつ文を書き加えたり、日ごろの子どもたちの様子などを紹介したりしてもいいですね。

詩・子育てはじゅんばんこ …………………… 62

第4章 聡明な子育て

生活のスキルは叱らない …………………… 64
怒った顔はどんな顔 …………………… 66
夜のお仕事 …………………… 68
幼児期の経験は学力の土台 …………………… 70
大切なわが子を映像漬けにしない方法 …… 72
同居人家族からの脱出！ …………………… 74
子どものけんかどうしてる？ …………………… 76
けんかの対応 …………………… 78
イライラが半分ですむ方法 …………………… 80
怒りの対処 …………………… 82
ときにはママもリフレッシュ！ …………………… 84
パパ、頼りにしています …………………… 86

おもちゃ選びのヒント …………………… 88

年齢別の遊びとおもちゃ …………………… 90

おわりに …………………… 94

育児には正解がない

育児には正解がない
だから迷ってあたりまえ

はじめてのことはわからない
だから悩んであたりまえ

外に出て
いっしょに子育てをしませんか

第1章

子どもを理解する

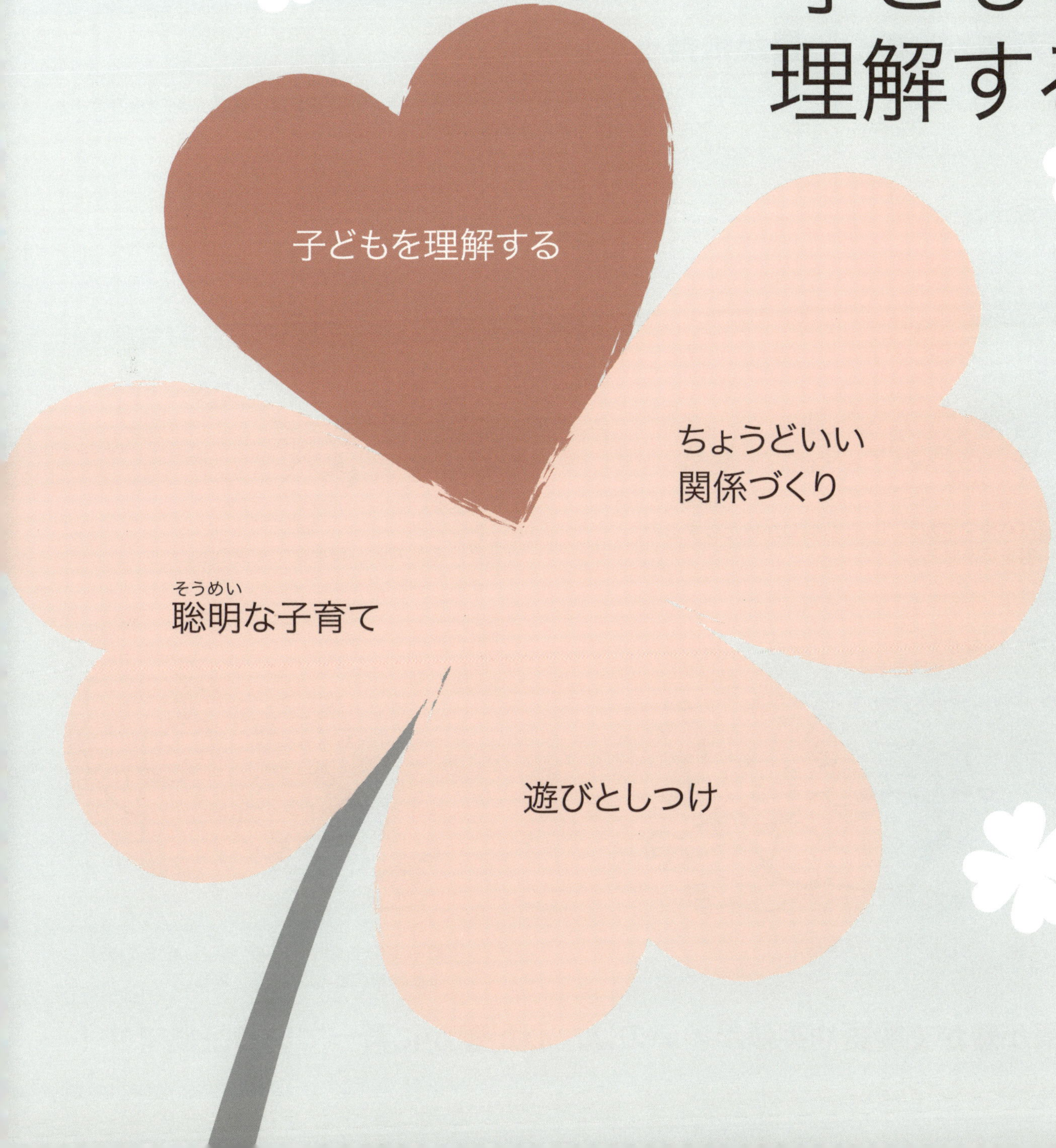
子どもを理解する
ちょうどいい
関係づくり
聡明《そうめい》な子育て
遊びとしつけ

赤ちゃんと遊ぼう

赤ちゃんは、ママやパパに声をかけてもらったり体を触ってもらったりすることが大好きです。わが家の新しい家族と遊びましょう。

赤ちゃんの心、豊かに育っていますか？

赤ちゃんの体が大きくなるのは目に見えますが、赤ちゃんの心や脳がどのように育っているかは、見えにくいものです。心がすくすくと育っている赤ちゃんは、こんな姿を見せます（個人差があります）。

2か月ごろ～

パパやママが近づいたり話しかけたりすると、目を輝かせる。

4か月ごろ～

あやすと、声をたてて笑う。

8か月ごろ～

喃《なん》語（おしゃべり）がさかん。

10か月ごろ～

初めてのものや、不安を感じるものを見つけると、親の顔を見て確かめる。

表情が豊かで喃語や笑顔が多いのは、心が豊かに育っている証拠です！

心の栄養

遊びは、赤ちゃんが人間に育つために不可欠な栄養です。目を合わせず一日中だっこをしているのはおサルさんの子育て。赤ちゃんの目を見つめて優しく話しかけてみましょう。

ママやパパとの楽しい遊び

おむつを換えるときに足やおなかをさすったり、手足を曲げ伸ばしたり、「こしょこしょ」と体をくすぐったりしてみましょう。

一人遊び

自分の手足をなめたり、静かに揺れるモビールを見つめて、「おーうー」とおしゃべりしたり、赤ちゃんが自然に行う行為は、どれも大切な心の栄養です。

不安・不快をいやすだっこ

気持ちが悪い、寂しい、不安、怖い……赤ちゃんが泣いているときには抱き上げて「よしよし」と言ってみましょう。

赤ちゃん時代に一人の人（お母さん、あるいはそれに代わる人）とかかわることの楽しさや喜びを十分味わった子どもは、これから出会う人ともうまくかかわりがもてるようになります。

　お母さんとの楽しいかかわりは、自分への信頼感と人への信頼感をはぐくみます。

©Shizuko Takayama

動くことは人間になること

人間に神経があり脳があるのは「動物」だから。動かない植物には神経は不要です。乳幼児は脳のシステムが急速に作られる時期なので、起きている間中、動き続けます。

赤ちゃん・幼児が動くことにはこんな意味があります

経験は発達の機会。子どもは体を動かし、手を使い、環境を探索することによって、立派な脳を形成しようとしています。

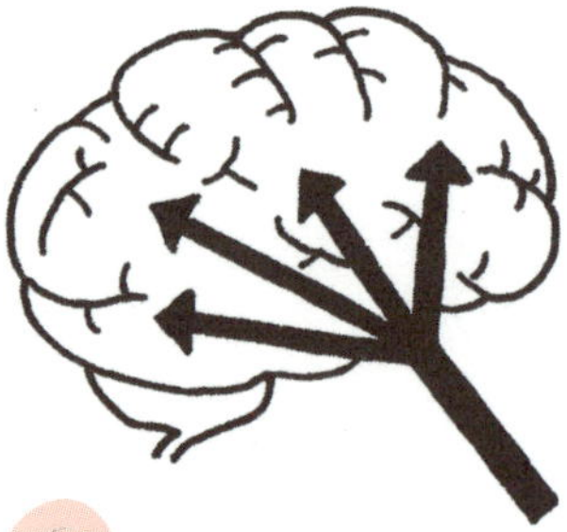

全身から脳へ感覚信号の栄養を送り込む。（それによって脳のシステムが作られる）

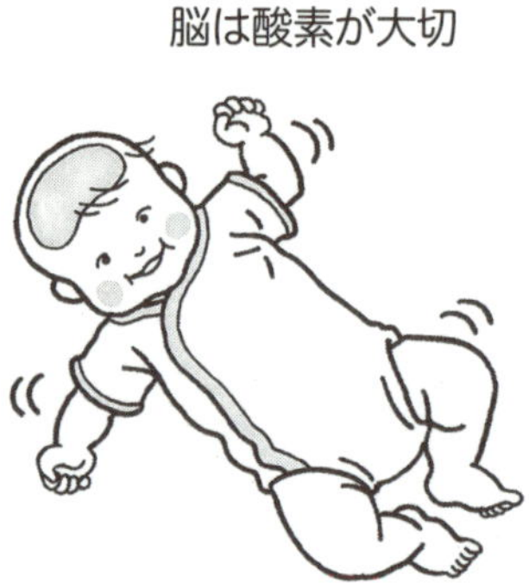
脳は酸素が大切

全身へ酸素を供給。

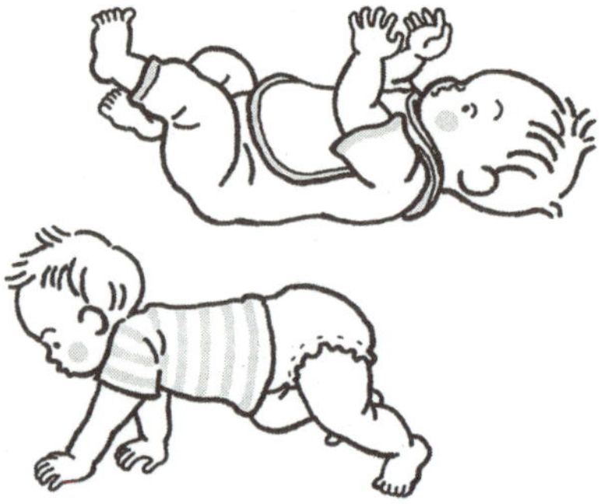

姿勢、バランス、力の出し方など身体図式・運動企画を獲得。

目から
耳から
指先から
全身から

さまざまな感覚情報を統合。

空間と自分の体の関係を学習。

動くことは脳と全身の発達を促し……

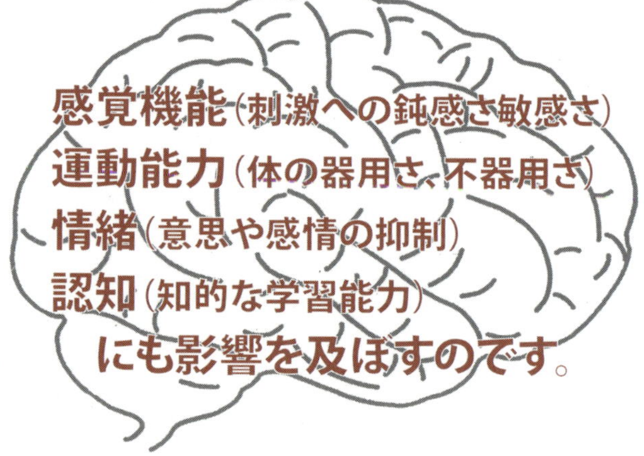
感覚機能（刺激への鈍感さ敏感さ）
運動能力（体の器用さ、不器用さ）
情緒（意思や感情の抑制）
認知（知的な学習能力）
にも影響を及ぼすのです。

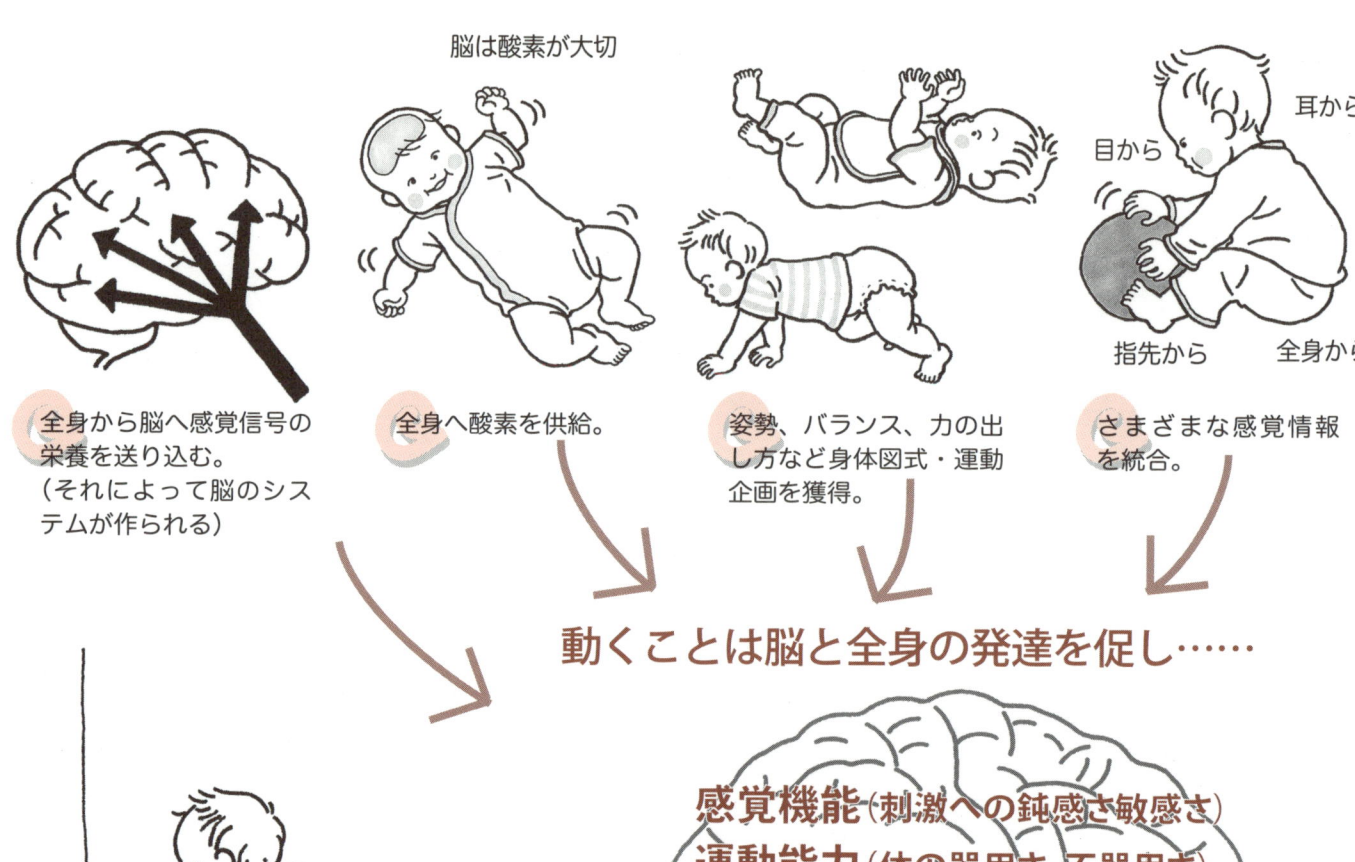

脳が栄養失調になっちゃうよー！

体を動かしたくてしようがない子どもから運動の機会を奪うのは、とてももったいないことです。

手足を
バタバタ
させたい
よー。

目覚めているのにふとんをかけられている赤ちゃん。

動きを制限されている赤ちゃん。

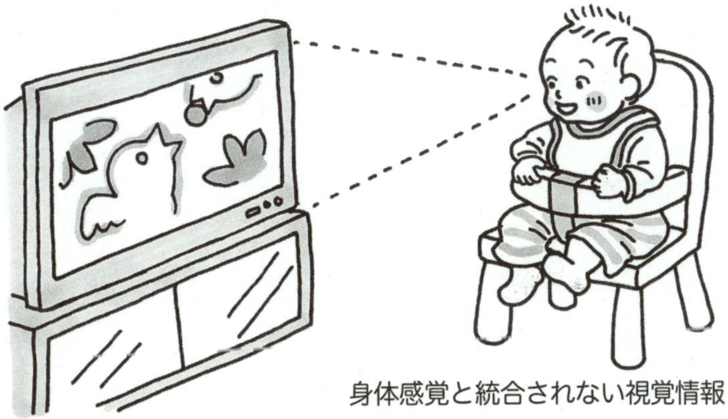
身体感覚と統合されない視覚情報

ビデオやテレビをつけてもらっている赤ちゃん。

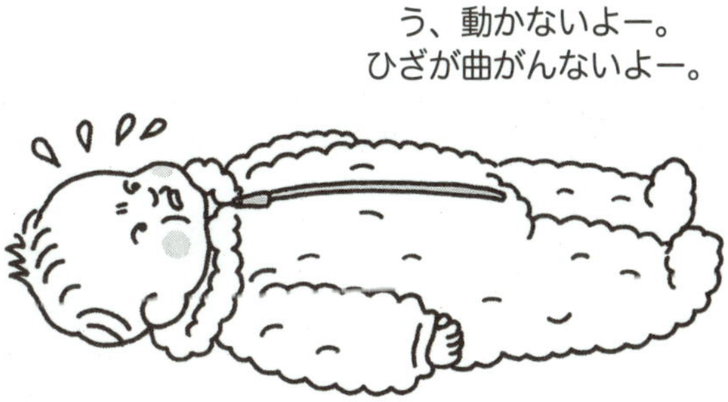
う、動かないよー。
ひざが曲がんないよー。

長袖・長ズボンの下着を着せられている厚着の赤ちゃん。

赤ちゃんの時期には、仰向けで手足をバタバタと動かして、しっかりとした体幹（背骨・腰）を育てることが大切です。お座りは赤ちゃんの運動を奪います。起きている時間はできるだけ仰向けやうつぶせにしましょう。

ハイハイからたっちまで

羊水の中で育ち、出産とともに肺呼吸となり、両生類のハイハイからよつばいへ、やがて立ち上がり二足歩行を始める赤ちゃん。何とも神秘ですね。

赤ちゃんの成長ってすごい!!

それぞれのステージ（段階）に、大切な意味があります。早く次のステップに進むことよりも、赤ちゃんが自分で繰り返し練習をしている姿を見守りましょう。

重心は胸
おっ　首があがった！

首がすわる。

重心が腰に
すごいぞー

背中と腰がすわる。

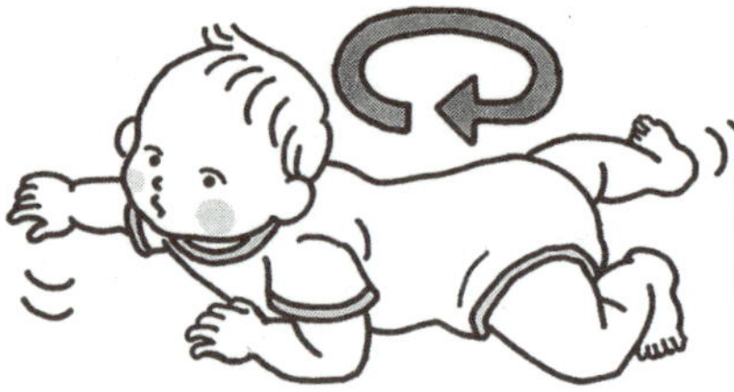

ぐるぐる回り。

あれー

後ずさり。

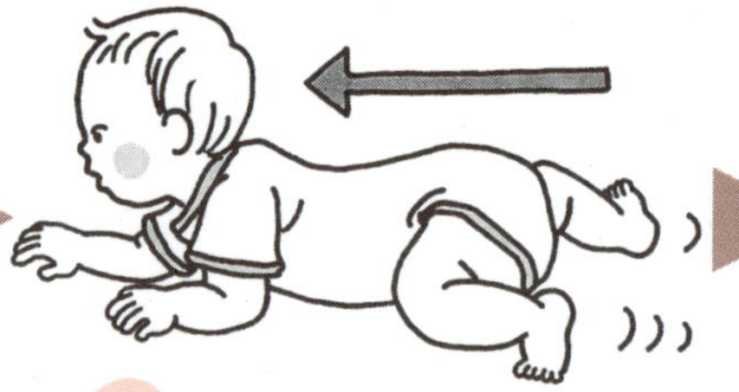

がんばれー

ずりばい前進！！

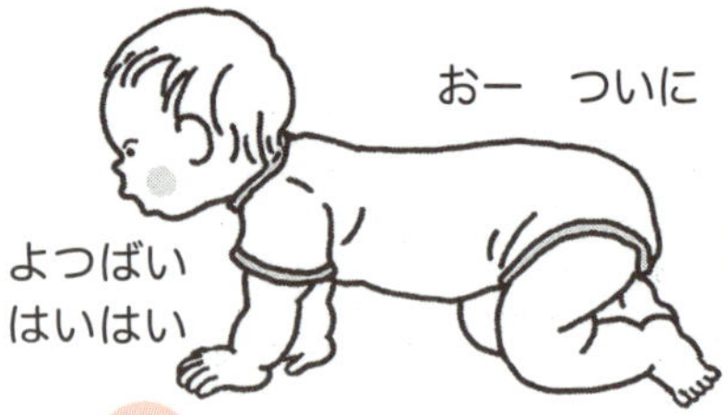

おー　ついに
よつばい
はいはい

肩とふとももをしっかり動かす。

高ばいへ

手足が開く、足指でける、腹部もしっかりする。

うんとこしょ
やった
ドスン

床からのおしゃがみたっち
バランスをはかる。

体のすべての部分が歩く準備完了。

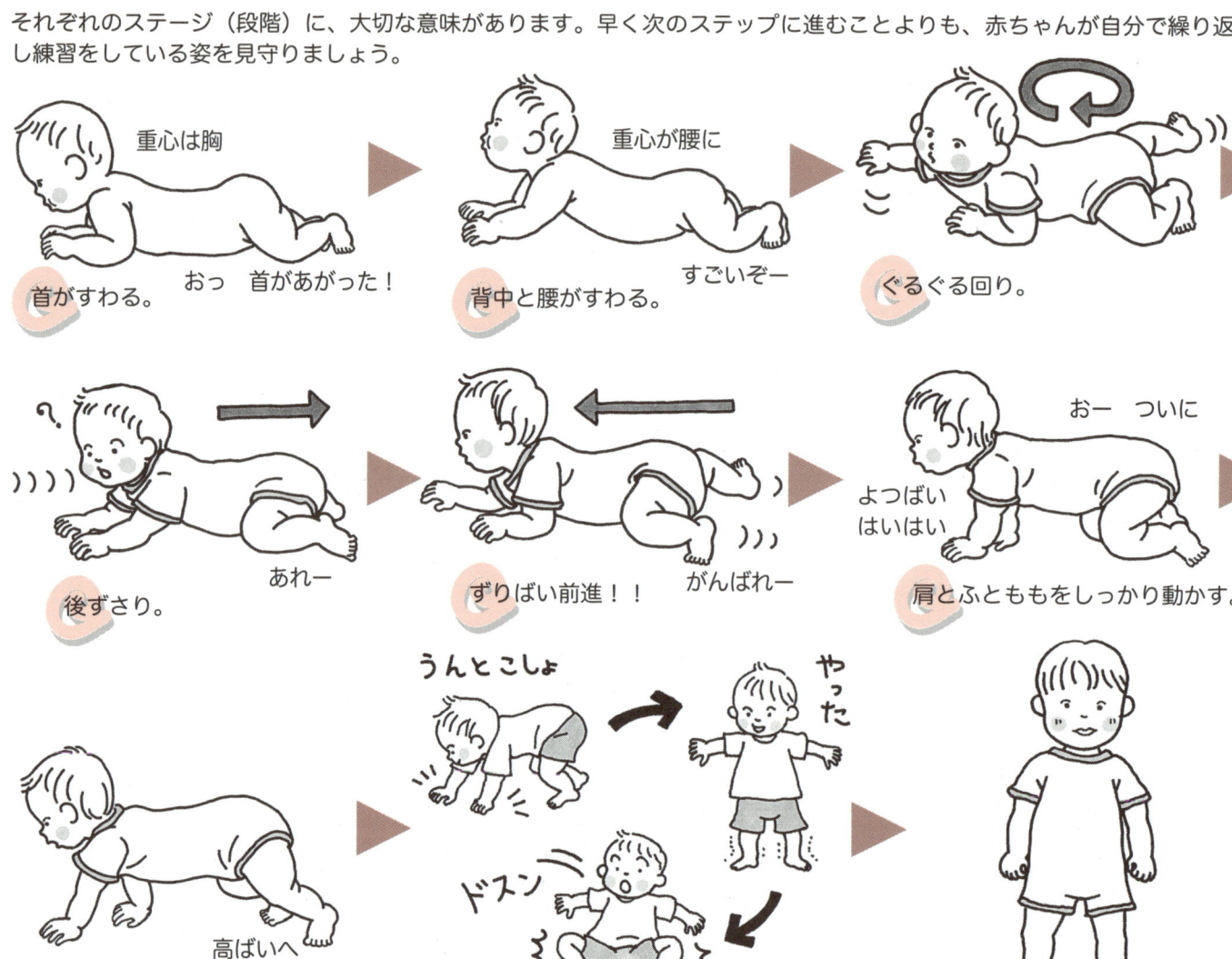

運動能力の基礎は乳児期に獲得

子どもは、今伸びている「力」を自分で感じとり、その力を伸ばそうと同じ動きを何度も繰り返します。

十分に「力」を獲得できるように一つひとつのステージ（段階）を大切にしましょう。

危険がない限り、手出し口出しをさけ、遊びをおおらかに見守りましょう。

こんなことに注意

あんよの練習

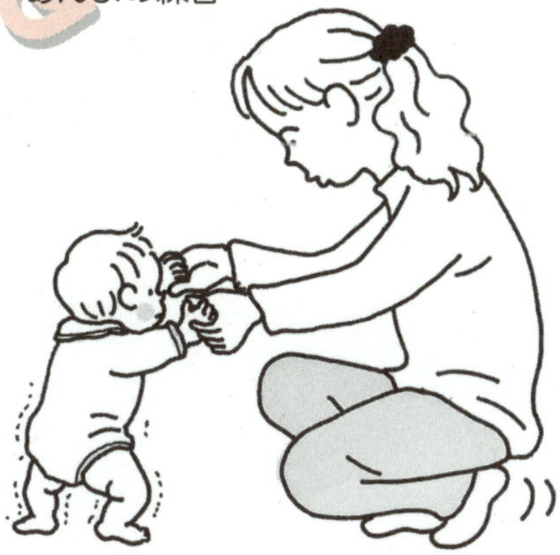

不安定な歩行につながります。

無理にさせられるお座り

運動不足、経験不足につながります。

歩行器

つま先歩きにつながったり、顔から転ぶことが多くなったりします。

「早く」と願うのは自然な親心。でも発達の飛び越しをさせてしまうと、すぐに疲れてだっこをせがんだり、転んだときにとっさに手が出ず顔のけがをしやすかったり、後々困ることもあります。

赤ちゃんにはテレパシーがある?

赤ちゃんって不思議。時々心の中を見透かされた気がして、「ドキッ」とすることありませんか？赤ちゃんや幼児って、人の気持ちに「感応する」能力がとても高いのです……。

赤ちゃんは不思議　？？？

出かける直前に限ってうんち、起きていてほしい日に限って寝ちゃう……と子どもは親の思い通りにはいきませんね。特に親の思いが強いときほど、ばれてしまうようです。

あ～
ドラマが
始まる時間。
早く寝てよー。

「寝てほしい」と思う日に限って寝ない。

きょうのは
手がかかって
いるん
だからねー。

「食べて」と思うと食べない。

もうっ！
いつまで泣くの！
いいかげんに
してよー！

イライラしたり不安な気持ちになったりすると、何も言っていないのに泣き出す。

赤ちゃんが泣くとつらいですね……

優しく共感性が高い人ほど、赤ちゃんの泣き声をつらく感じることでしょう。まだ生まれたばかりですから、泣くことが多くてあたりまえ。大きな気持ちで接しましょう。

どーんとかまえて

はいはい、泣きたいのね。

歌でもうたって

ア～ベマリ～イ～ア～。

こだわらずー
とらわれずー

おしっこは出ても
出なくてもいいのよ～。

こうして母はまた一歩“無我の境地”へ近づいていくのです……

2 か月ごろには何をしても泣き止まない時期があります。だっこをしてもまるで嫌がるように体をそらして泣かれると、親の方が泣きたくなりますよね。智恵づきの証拠といわれる2か月泣きは世界共通だとか。健やかに育っている証拠です。

人見知りで困っています

せっかくおじいちゃんやおばあちゃんが遊びに来てくれたのにウワーン！　親せきの人に抱かれてウワーン！　あやしてくれるおばちゃんにもウワーン！　お父さんにも？　ウワーン！　人見知りが強いとママはとっても困りますよね。

人見知りってなぜおきるの？

人見知りを見て「ママがもっと連れ出さないから」と子育ての仕方が悪いように言われることがありますが、実は逆。赤ちゃんの人見知りは、ママの子育てがとても上手な証拠なのです。

4、5か月ごろまで

誰にあやされてもニッコニコ。

ところが7、8か月ごろになると

お母さんとほかの人の区別がつくようになってきます。

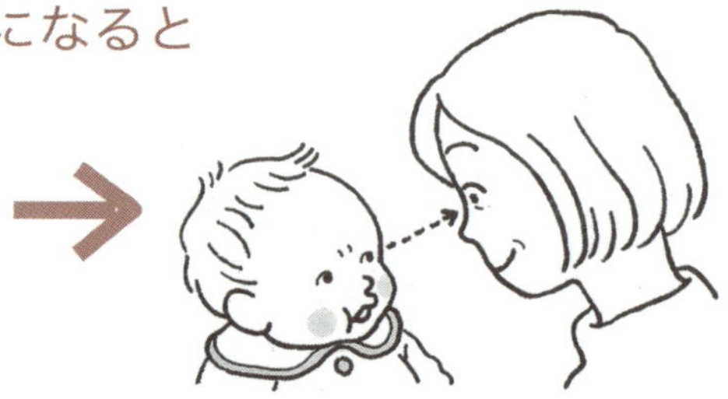

じっと見る、顔を見て泣く。

お母さん以外を嫌がる。

でも大丈夫　必ず数か月で人見知りは終わります。

つまり！　人見知りが始まった　＝　お母さんとの愛着関係ができあがった　＝　とーってもいいこと　なのです！

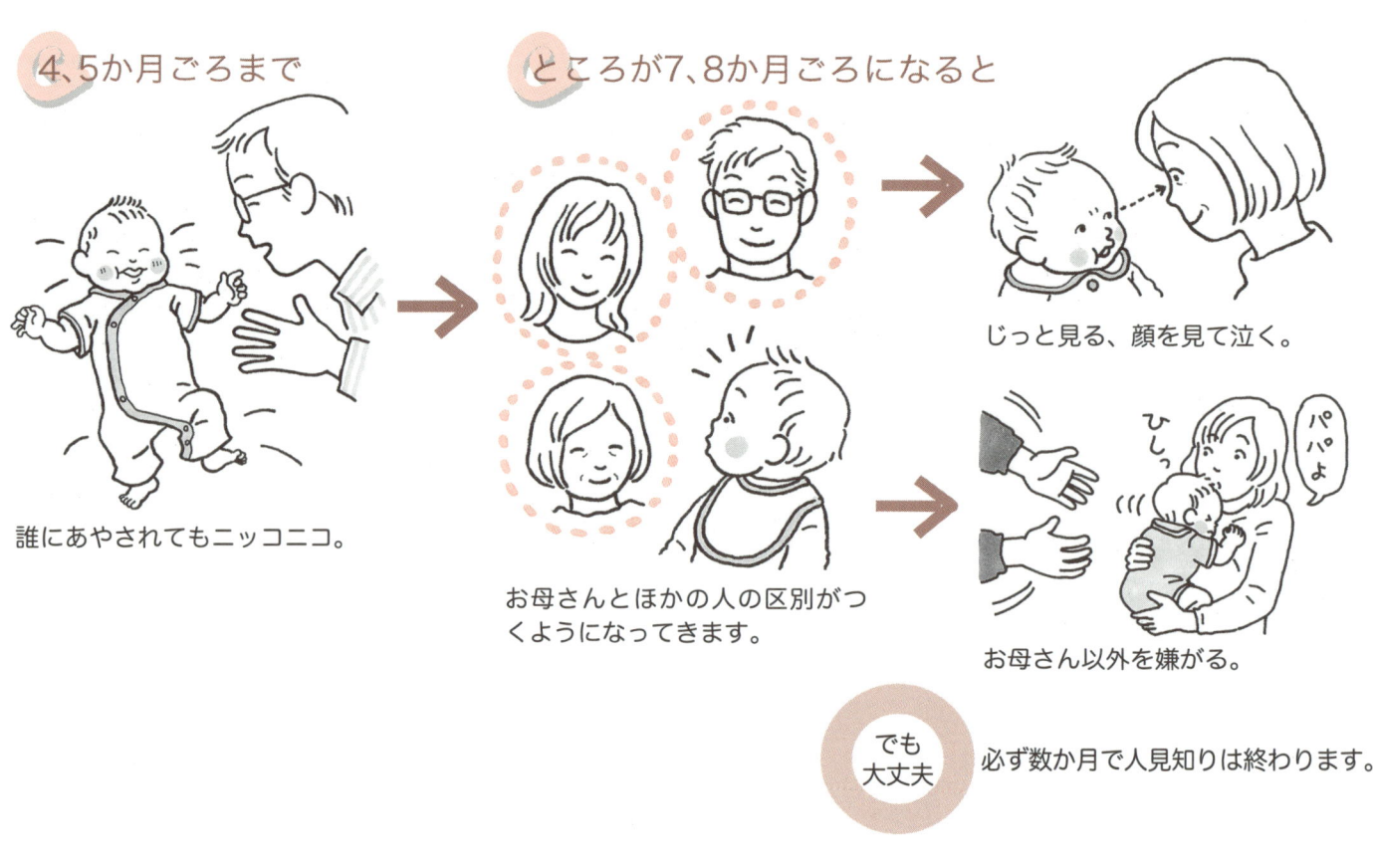

人見知りがない子もいます

祖父母と同居している、保育園に行っているなど、世話をしてくれる人が多い。

性格の場合もある。

人見知りしなくてもこんな姿があれば大丈夫

何かを見つけたり、うれしいことがあったりすると、お母さんの顔を見る。

痛いとき、怖いとき、お母さんの所へ戻ってくる。

離れる（預けられるなど）ことを嫌がる。

日中ママと長くいる場合、パパに人見知りをする赤ちゃんも多いのです。わが子に泣かれるとショックを受けると思いますが、ママの子育てが上手な証拠です。ママをほめてくださいね。

子どもは散らかし魔

床にバラバラになったものは見向きもしないのに、きれいに棚に片づけたとたん、必ず散らかしに来る赤ちゃん……実は理由があるのです。

どうして散らかしちゃうんでしょう

子どもは、手や体を使って自然や物の性質を学びます。物に触ることは幼児の学習形態です。

子どもたちは、こうなっていると……、

壊してしまいます……。

触ると……	形が変わった バラバラになった 音がした 倒れた
原因 →	結果

大発見！

因果関係（科学的思考）を学んでいるのです。

0〜1、2歳

“秩序を壊すこと”が遊び（何度も繰り返す）。

1、2歳〜4歳

作っては壊し、作っては壊しの繰り返し（試行錯誤）。

4歳以降

何かを“つくる”へ。

だから保育園などでは、子どもたちが
　思わず触りたくなるように
　思わずバラバラにしたくなるように
いつも秩序をつくっているのです。

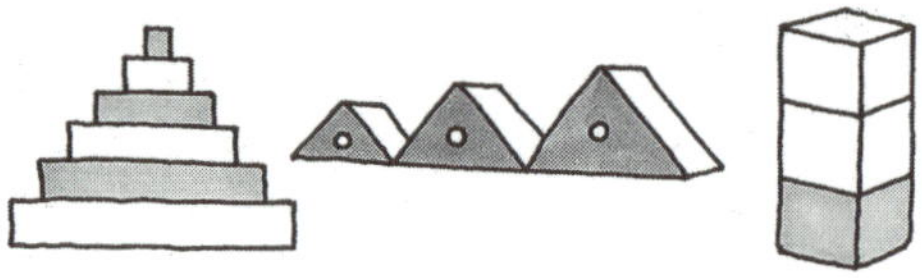

子どもの働きかけで動くおもちゃ

子どもが働きかけることによって、形や音が変わる、コミュニケーションのとれるおもちゃを選んでみましょう。

踏めば痛い！

強くたたくと大きな音、弱くたたくと小さな音がする。

何度もやり直しができる。

手は「突き出た大脳」ともいわれます。子どもは起きている間中、手を使って脳に刺激を送っているといえます。だから部屋が散らかるのです……。散らかった部屋を見たときには（今日も立派な脳が育ったわ）と思えるといいのですが。

表情はメッセージ

子育ての中では“感情の交流”はとっても大切。
でも「感情を顔に出してはいけない」と、感情を抑えるくせがついていることもありますよね。

感情を顔に出しましょう

小さいときに笑顔のメッセージを受けとった子は、自分に自信がもてます。新しい行動への意欲もぐんぐんわいてきます。わが子にも、よその子にも、“笑顔のメッセージ”をたくさん贈ってあげましょう！

1

赤ちゃんは、新しいことに出会ったり、困ったことがあったりすると、 → パパやママの表情を頼りにして、 → その表情を元に行動します。

2

小さな子は、喜びや驚きを感じるとパパやママに共感を求めます。

3

振り向いてもいつも知らん顔をされたり、パパやママの表情がわかりにくかったりすると顔を見なくなり、自分勝手に動くようになったり、不安でパパやママから離れなくなったりすることもあります。

笑顔は「あなたの行動はOKよ！」
「あなたは大事な子よ」
「あなたが大好きよ」というメッセージです。

わかりやすく教えましょう

しつけの仕方って難し〜い。優しく言えばきかないし、怒るとすぐ泣きわめくし……。でも、子どもに生活習慣や社会のルールを教えるのは親の役割。さあ、しつけをがんばってみましょう。

どうしてきかないの？

「ダメでしょ！」
「しないの」
「もう」
「何してるの！」
「ちゃんとしなさい」
「いいかげんにして」

どうするの？
何を怒っているの？
何がいけないの？

具体的にどうすればいいのかわからないと、子どもは何度も同じ行動を繰り返します。

どうすればいいか伝えましょう

シッ！運転手さんに怒られるよ！	バスの中では小さな声で話すのよ。
いつまで起きてるの。	目をつぶろうね。おやすみの時間よ。
もう！ダメ！	食べ物は投げません。
？	！
これでは伝わりません。	こう伝えましょう。

何度言ってもダメなときは自然な罰を使いましょう

バスの中で騒いだら……、

バスを降りましょう。

食べ物で遊び始めたら……、

食事を下げましょう。

泣いてもわめいても……、

気づかないふり……。

てこずる2歳児

2歳は、親が子どもを怒る回数が一番多い時期だといわれます。イヤ！　ダメ！　パニック、ひっくり返り、長泣き、大泣き……しかしそれらは、しっかり自我が育った証拠でもあります。

2歳児の特徴

自我が育ってくると、「自分の物」「自分のテリトリー」「自分がこうしたい」と徹底的に「自分」にこだわりをもちます。てごわい２歳児は、自我が健やかに育っている証拠です。

1 イヤダメマン

「○○するつもり」のとき、
××されてしまうとモーレツに怒る！

2 よくばり

全部自分の物！
ぜったい貸さない！

自我がぐんぐん育っています

○○したい！
○○のつもり！
○○なの！

どの子もみんな通る道。
けっして性格が悪いわけではありません。

3 自分の思い通りにならないと怒る

相手も自分と同じ気持ちだと思い込んでいる。
２歳は自己ちゅーです。

はけない〜。

4 甘えも強い

「自分でー」と言ったり、
「してー」と言ったり、
こうしてほしいという要求も強い。

3歳を過ぎるとぐんと楽になります！

親や友達とのぶつかり合いを通して、「自分の思い通りにならないこともある」「自分と相手は違う」ことに気づき、自分の思いを言葉で表現できるようになると、左ページのような行動は減っていきます。

3歳まで

お外に行きたいんだよ〜〜〜！

3歳を過ぎると……

着替えてから
散歩に行くんだよね。

○○ちゃん、
砂場で遊ぼう！

○○ちゃんは
積み木で遊びたいみたいだなあ。

反抗期だからと何でも子どもの思い通りにしていると、子どもは次のステージ（段階）へ上がることができず、いつまでも「自己ちゅーステージ」にとどまります。2歳児との日々の闘い（？）によって、親も「言い聞かせができる親」のステージへと登ることができます。

1、2、3歳は強情っぱり!?

1歳を過ぎると始まる「イヤ！」「イヤ！」の連発。その上、2歳ごろから自分の思い通りにならないと泣きわめき、「んもう、いいかげんにして!!」と言いたいママは多いはず。……これってどうすればいいんでしょう？

子どもが納得しやすい言葉の例

1歳半から3歳ごろの子どもは、「○○しなさい！」という命令口調が大の苦手。子どもの思いを大切にしながら自分の思いも伝えましょう。

気持ちに共感する

○○したかったのね。

思いを伝える

お母さんは○○がしたいの。

物の気持ちを伝える

クマさんは○○だって。

選ばせる

○と○とどっちにする？

尊重する

○○をお願いね。

理由を伝える

○○だから○○しようね。

見通しをもたせる

○○したら○○しようね。

スカートさん、まっ黒けで気持ち悪いって。きれいにしてあげよう。
これがいい〜。

いっぱい歩くと、パパみたいに足が大きく強くなるよ。
だっこ〜。

大泣き・ひっくり返りが始まったら……

もうしかたない……しばらく泣かせて、ころ合いを見計らって「もう、おしまい」とか「さあいこうか」と気持ちの立て直しを図るしかないでしょう……。ふー。父や母は強くなるはずです。

そろそろいいかな……

しばらく泣かせておきましょう。

ころ合いを見計らって……

気持ちを立て直しましょう。

どんな子だって1歳〜3歳ごろは強情っぱりであたりまえ。歩く前にはハイハイや尻もちをするように、強情、イヤイヤは子どもが自分をつくるためにどうしても通らなくてはならない道なのです。

やがて、言葉での表現力、見通しをもつ力、状況の理解力などが育ってくると、強情っぱりは自然に消滅していきます。

ちょうどいいのが
ちょうどいい

ちょうどいいのが

ちょうどいい

いいかげんが

良い加減

第2章

ちょうどいい関係づくり

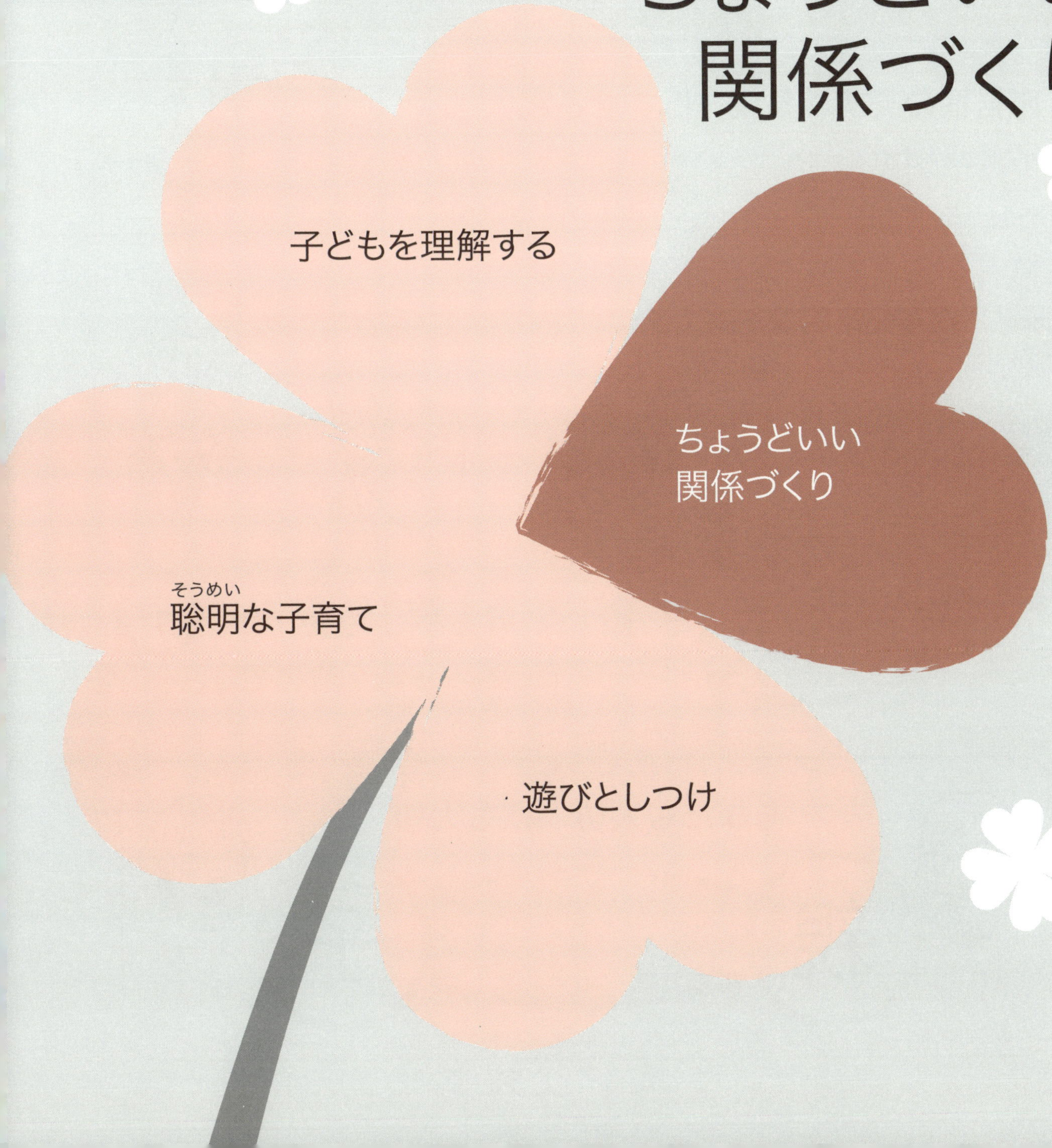
子どもを理解する
ちょうどいい
関係づくり
聡明《そうめい》な子育て
遊びとしつけ

親子のやりとり

赤ちゃんは、意思と感情をもった一人の人間。でも、赤ちゃんの内面世界はまだ混沌としていて、自己表現もうまくはできません。「親と子のやりとり」は子どもの意識を形づくり、言葉や表情での表現力をはぐくみます。

応答性の高すぎる親、低すぎる親

子どもを中心に過敏に反応しすぎても、逆にほったらかしすぎても、子どもはコミュニケーションの学習ができません。

働きかけすぎ、あやしすぎ

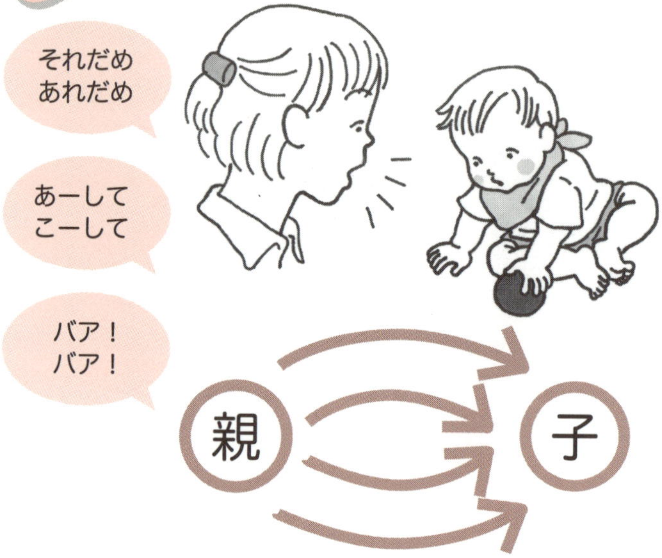
それだめ
あれだめ
あーして
こーして
バア！
バア！
親
子

ほったらかしすぎ

親
子
子どもの表現に
気づかない……。

あなたも大切　私も大切

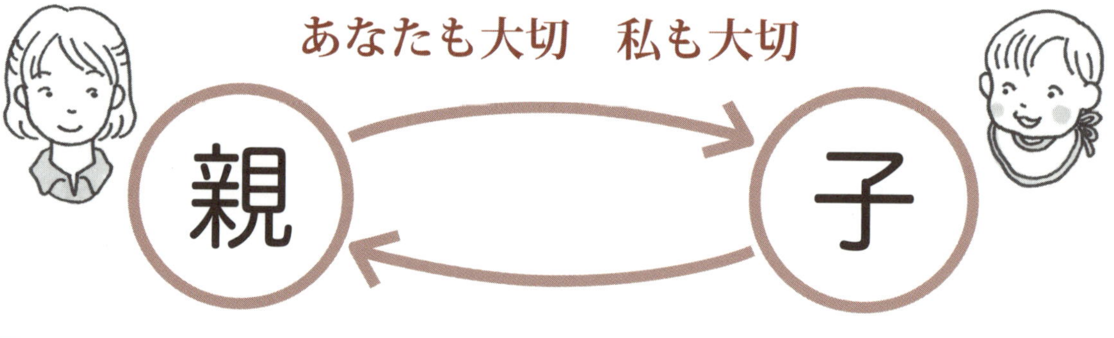
親
子

やりとりのある暮らしを

家族が多く、よく気がつく親ほど、まだ小さいからとついつい大人が手や口を出してしまいがちです。子どものやる気をじっと待ちましょう。

例えば遊びの中で

親 → 子

親 ← 子

繰り返し……

親 → 子

例えば生活の中で

親 → 子

親 ← 子

親 → 子

目を合わせて「おはよう」と言うこと。家族でいっしょに食事をして「おいしいね」と顔を見合わせて笑うこと……。毎日のていねいな暮らしが子どもの心を育てます。

ちょうどいい遊び

「赤ちゃんや幼児には刺激を与えることが大切」とよく聞きます。しかし、赤ちゃんだからといって、親がずっとついて遊んであげる必要はありません。口出しや手出しをせずに見守ることも、遊ぶことと同じくらい大切なのです。

遊びには二つの方向性があります

自分づくりの遊び

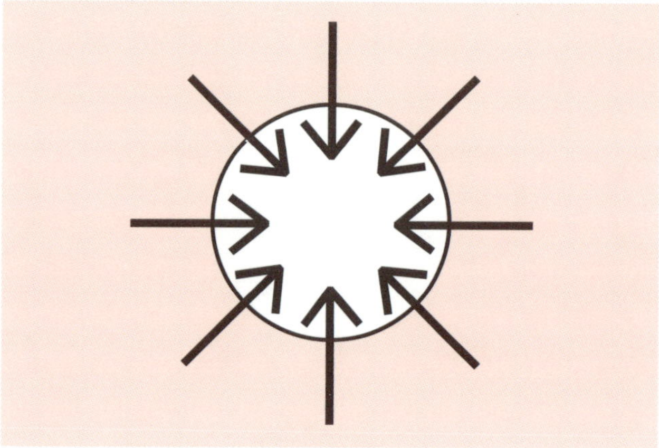

危険がない限り、静かに見守りましょう。

物をいじる
操作する遊び
探索　など

お話をつくる
物を作る　など

絵を描く　など

話しかけられすぎたり、あやされすぎたりした子どもは、自分づくりの時間がもてず、考えることや遊ぶことが苦手になってしまいます。

反対に、一人遊びばかりでは、友達とうまく遊べなかったり、コミュニケーションが苦手な子どもになったりしてしまいます。

子育てってほんと「ちょうどいいのがちょうどいい」（野口三千三）ですね。

コミュニケーションの遊び

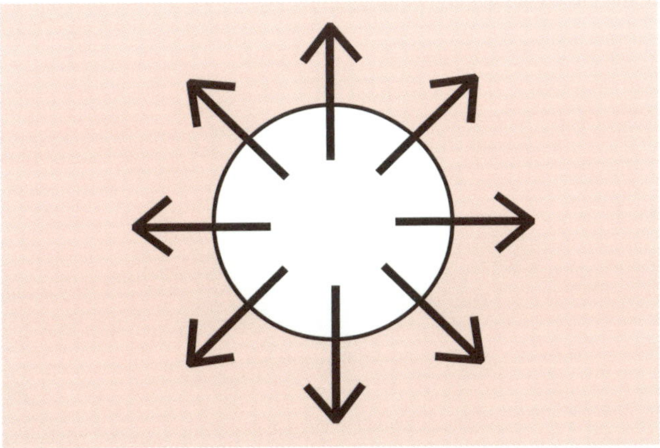

子どもになって楽しく遊んじゃおう。

だっこ
話しかける
歌をうたう　など

おいかけっこ
いっしょにままごと　など

やりとり遊び
ひざ乗せ遊び
手遊び　など

ちょうどいい暮らし

子育てには矛盾がいっぱい。「たくさんだっこした方がいい」と聞くけど、「過保護は子どもをダメにする」とも……。人はもともと自分の思い通りに生きたい、でも人ともなかよくしたいという矛盾を抱えた存在です。子どもも、自分づくりとコミュニケーションという矛盾をせめぎ合わせながら、自己を成長させていきます。

私も大切　みんなも大切

小さなときのしつけはとても大切。でもあまり極端すぎると、周りの人はどうでもいいという自己中心的な子どもになってしまいます。

どうする？？

自分らしく生きる　VS　人（社会）の中で生きる

自由にのびのび　VS　人（社会）のルールを知る

子どもはどんなに小さくてもこの社会の一員、年齢に合わせてルールを教えていきたいですね。

例えばレストランで……

小さいから
わからないさ。

言っても
わからないし。

これが続くと……

私は大切。
周りは大切じゃない。

肥大化した自己
社会的な不適応感
我慢がきかずきれやすい
他罰性が強い

きちんとしないと
みっともないでしょ。

恥ずかしいから
ちゃんとしなさい。

これが続くと……

周りは大切。
私は大切じゃない。

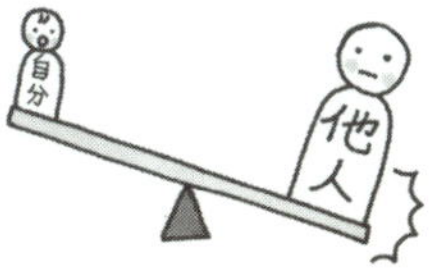

神経質　自責感
内的な不自由感
外界との対立を経験できない
傷つきやすいひ弱な心

みんなが
食べているから、
走っては
いけないのよ。

食べ方が
かっこいいねー。

これが続くと……

私は大切。
周りも大切。

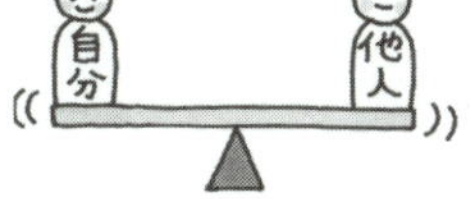

自分への信頼感
社会での適応感
情緒的安定
主体的・意欲的

**やっぱり
ちょうどいいのがちょうどいい！**

親中心でもなく、子ども中心でもなく

わが子との関係づくりは、他人との関係づくりと同じ。他人とお互いを尊重しあう関係づくりをするように努力していると、わが子とも同じ関係をつくることができるでしょう。

互いに尊重しあえる関係を

親と子といえども、お互いの思いや要求は異なります。どちらかがいつも我慢ではない、ちょうどいい関係を探してみましょう。

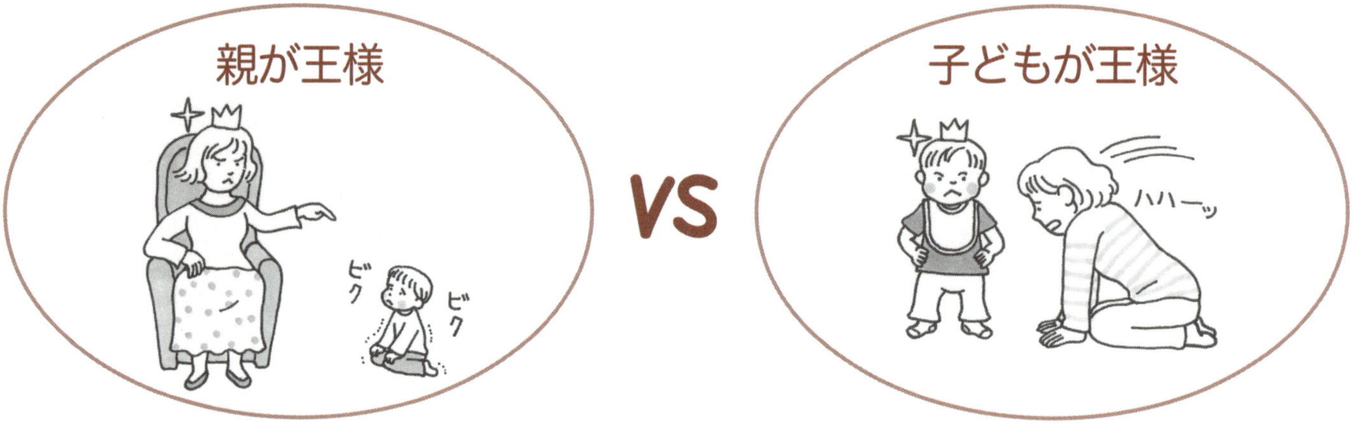

命令出しほーだい。
しかりほーだい。

いつでも親優先。

親の思いが優先。

手と口
出しまくり

いつでも食べほーだい。
どこでも飲みほーだい。

いつでも子どもの
要求が優先。

いつでもどこでも
自由にのびのび。

左の二つの関係は正反対のように見えますが、実は支配か服従という点で共通しています。子どもを“王様”にしてしまう人は、反対に自分も“王様”になりやすく、極端から極端（支配するか、服従するか）という、不安定な親子関係ができあがりがちです。

子どもは意思と感情がある一人の人間。そして親も意思と感情がある一人の人間。「あなたも大切　私も大切」というちょうどいい関係を見つけられるといいですね。

小学生のころ

もう！
お母さん ちゃんと
ハンカチを
入れてよ!!

してもらうのがあたりまえ。

大人になっても……

お母さんのせいで
私はこうなったのよ

親のせいにしてしまう。

あなたも大切

私も大切

わが子を透明な存在にしないために

何だかわからないけれどむかつく、うざい、生きている実感がない、自分の考えがなく周りに振り回される、そんな思春期にしたくないですね。

自分づくりは赤ちゃんからはじまっている!!

赤ちゃんは自分の思いを自覚できません。人や環境につられて遊んでいるうちに、次第に「こうやって遊びたい」という意思が芽生えます。やがて「自分はこう思う」と自分の考えを主張できるようになっていきます。

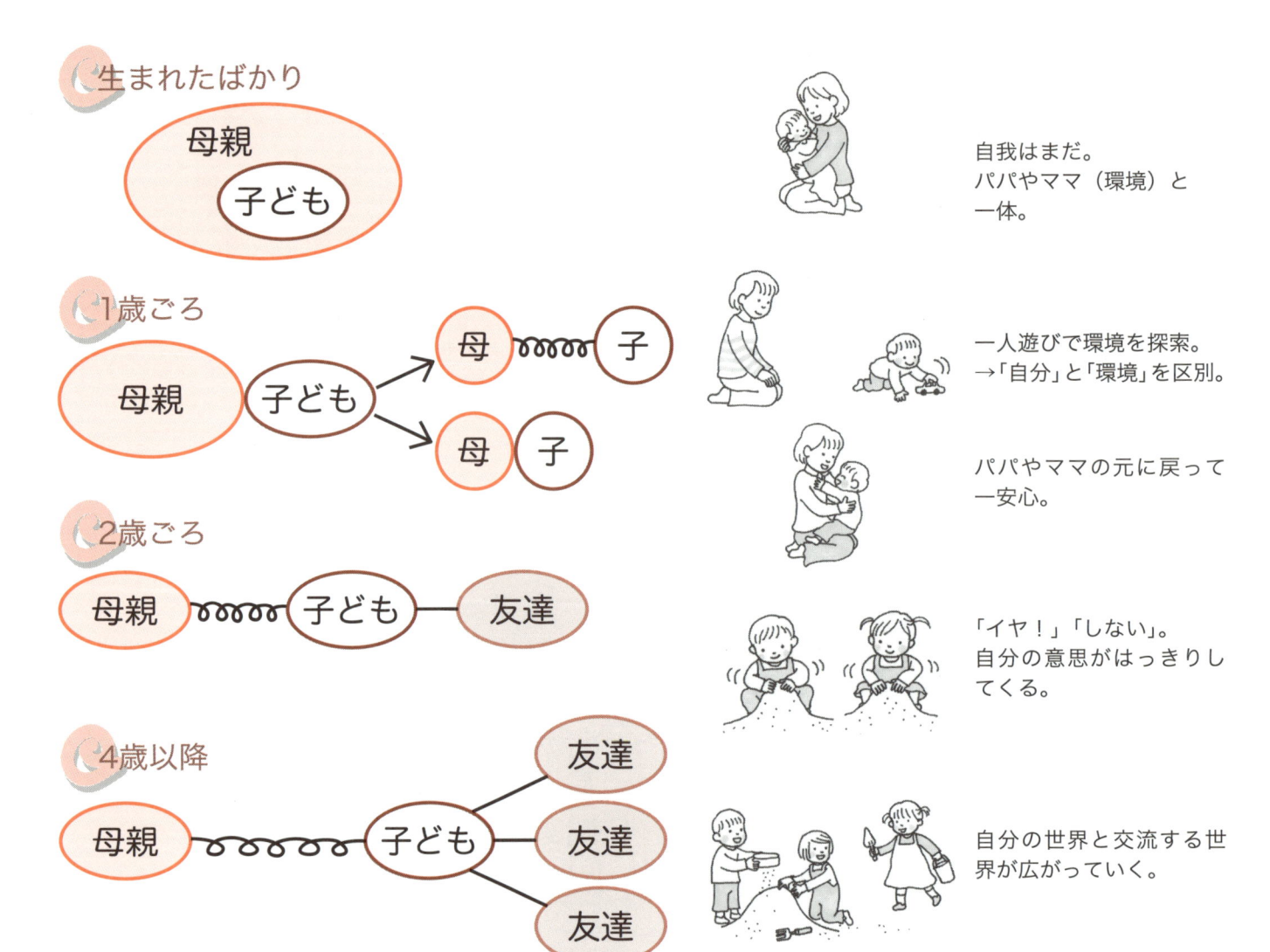

生まれたばかり

母親
子ども

自我はまだ。
パパやママ（環境）と一体。

1歳ごろ

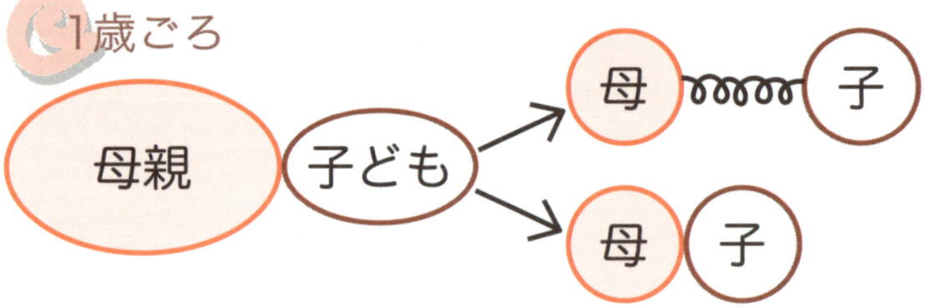
母親
子ども
母
子
母
子

一人遊びで環境を探索。
→「自分」と「環境」を区別。

パパやママの元に戻って一安心。

2歳ごろ

母親
子ども
友達

「イヤ！」「しない」。
自分の意思がはっきりしてくる。

4歳以降

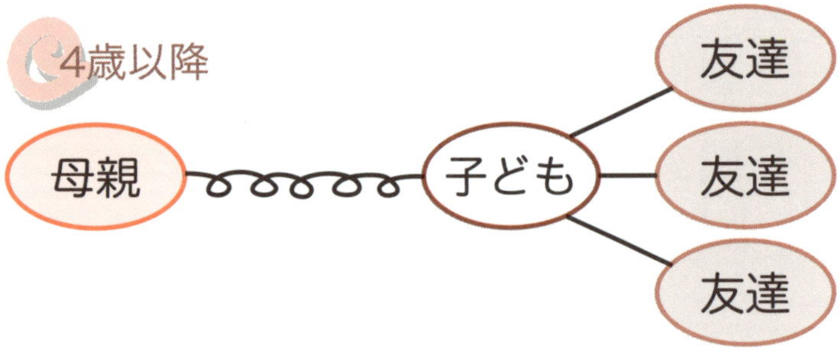
母親
子ども
友達
友達
友達

自分の世界と交流する世界が広がっていく。

経験を奪うことは自我の形成機会を奪うこと

子どもだけで安心して遊べる場が地域になくなり、子どもたちが体を思いきり動かすことや、子ども同士で体をぶつけ合わせる機会が少なくなっています。

自我七変化

自我ＤＶＤバージョン

おもしろい内容ほど、子どもの経験の機会を奪います。

自我過保護バージョン

「自分」と「お母さん」が一体。

自我ゲームバージョン

体験している「つもり」になることが怖い。

自我透明バージョン

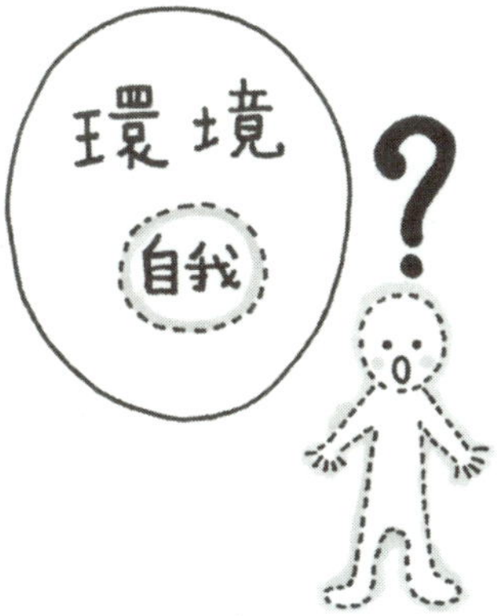

「生きる実感がない……」
自分と世界の区別がない。

自分づくりは体験から

← 手・足・体を使う体験
← 豊かな遊びの体験
← さまざまな人とかかわる体験
← 自分で考え想像する体験

自分の体を、環境と切り離したものとして理解し、自分の意思で動かせるものとして認識するには、「体を使った経験」が欠かせません。

幸せの見つけ方

「あっ、てんとうむし」
君は立ち止まる

「あっ、お花がさいてる」
また君はしゃがみこむ

君はスーパーまでの道に
たくさんの幸せを見つけるんだね

第3章

遊びとしつけ

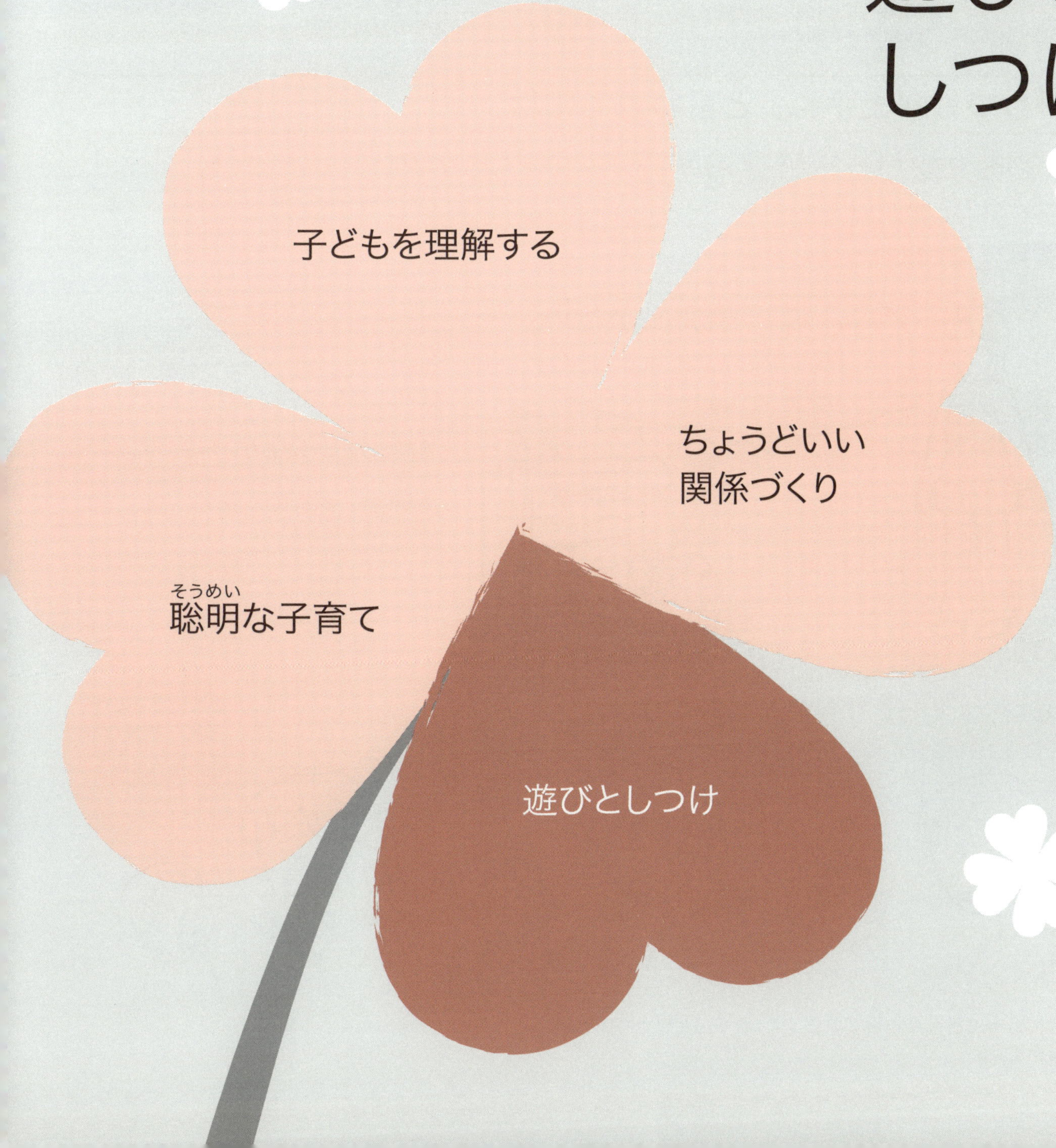
子どもを理解する
ちょうどいい
関係づくり
聡明《そうめい》な子育て
遊びとしつけ

思いは態度で表そう

「うちの子は親の言うことは聞かないんです」、「先生から怒ってください」なんて将来言う親にはなりたくないですね。しつけのコツを伝えます。
子どもは親の本心をしっかりと見抜いています。心の中で「まあいいかこれぐらい」と思っていると伝わりません。

「しつけが上手ね」と言われるには

幼い子どもには、わかりやすい顔の表情、声の出し方、内容にしましょう。わかりにくいと伝わりません。

何度言っても伝わらないのは……

○○ちゃん ○○でしょ〜
何してるの〜
ダメでしょ〜？
ベラベラベラベラ

・声が子どもに届いていないから……。
（頭の上を通り過ぎるだけー）

・言葉だけではわからないから……。

・態度や声、表情はOKだから……。
（言葉はNOなんだけど）

伝わりやすくわかりやすいのは……

そばに行って目を合わせてから短く話す。

うーんと怒っている顔。

優しいママより
楽しく愉快な
ママになろう！

めちゃくちゃ笑顔。

表現上手にはこんな“効果”も

子どもには率直に話すことが大切。子育てでは、自分の気持ちを相手に正直に伝え、感情を適切に表す練習ができますね。

ママは

表情筋が
鍛えられている。

老けない。

大人とのコミュニケーション力もUP!

子どもは

言葉や表情の意味を推理する力が育つ。

行動を抑制する力が育つ。

子どもはのびのびと育てることも大切ですが、自分の欲求を抑える力を育てることも大切です。我慢をする力は幼児期に育ちます。いつでも子どもが最優先ではなく、「今ママは大事なお話しをしているから、ちょっと待っていてね」ということがあってもいいのです。

叱ることを怖がらないで

「幼児期は、甘えさせ、受け入れてあげなくてはいけない」と聞いて、子どもを叱らない優しい親を目指していませんか？　子どもがよいこと、悪いことを学び、社会の中でうまく生きていけるようになるためには、ストレスに耐える力も大切。「適度に叱る親」を目指してみましょう。

叱ることはいけないことだと思っていると……

伝わりません。

爆発型で怒りがちです。

子どもを混乱させます。

落ち込みます。

限度を設けることは大人の仕事

子どもは大人の権威に守られてこそ安心して生活することができます。ぶつかるものが何もなければ、自分を形成することも難しくなります。ときには壁になりましょう。

優しいお姉ちゃんのような母では、子どもは不安……。
甘やかしはジジババにおまかせ！

泣こうがわめこうが今はムリ。
ダメなものはダメ。

ただし体罰は逆効果。小さいときからたたいていると、体罰を使わない限り言うことを聞かない子どもになってしまいます。ネチネチとしつこく怒るのも子どもの心をねじ曲げます。いけないことは、その場でカラッと叱りましょう。

遊びで世界を知る

赤ちゃんの遊びは、学習そのものです。「突き出た大脳」といわれる手足、そして全身を使って環境を探索し、環境の性質（形、重さ、動きなど）を知り、環境に合わせた体の動かし方を学習していきます。赤ちゃんの時期にたっぷり遊んだ子どもは、少しずつ心と体に「滑らかさ」と「リズム」が生まれてきます。

体を動かすこと自体が遊びです

赤ちゃんの遊びは未分化で大人には遊んでいるようには見えません。しかし赤ちゃんにとっては、体を動かすこと、手を使うこと、人とかかわること自体が遊びなのです。

感覚

なめる

感覚は
脳の栄養

感触を味わう

見る

触る

聴く

運動

ふとももを
大きく動かす

入ったり出たり

姿勢の制御
筋力 協応

操作

?と!がいっぱい

実験!!
小さな科学者

ひっくり返す　起こす

転がす

つかむ

たたく

倒す

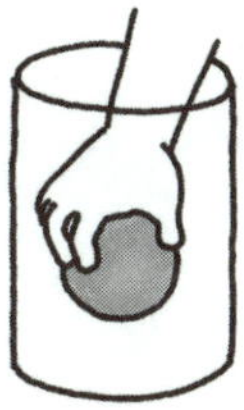

取り出す　入れる

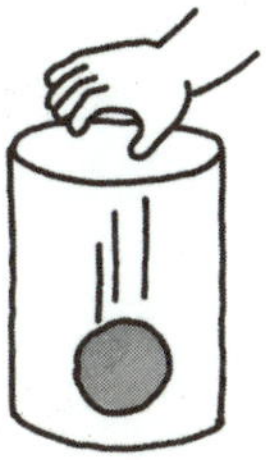

落とす

ひっぱり出す

詰め込む

遊びで
自分も知る

回る　後ずさる　はう

腕を
大きく回す

赤ちゃんには単純でわかりやすいおもちゃが一番。電池で動くおもちゃや電子おもちゃでは物の性質を学べません。ステンレスのボウルやしゃもじなどの台所用品は、動きが単純なため赤ちゃんには人気があります。

遊びは心の栄養

子どもにとっての遊びは、食事や睡眠と同じように毎日欠かせないものです。“心の栄養”足りていますか？

遊びは生きる力そのもの

子どもは、今自分が伸びようとする力を感じ取り、それを遊びの中で何度も繰り返して着実に獲得します。遊びによって子どもはさまざまな能力を身につけるのです。

あおむけで遊ぶ

６か月未満の時期はずっとだっこになりがちですが、あおむけに寝かせると、人やおもちゃとのかかわりが生まれやすくなります。手足をバタバタさせることによって、腰もしっかりすわります。

子どもの行動にむだはありません

歩く

１歳児は、歩くこと、体を動かすこと自体が遊びです。全身を動かし、五感をフルに使って遊ぶことによって、身体感覚と自己認識を確かなものにしていきます。

子どもたちは遊びでこんな力を獲得しています

体力、運動能力、想像力、忍耐力、柔軟性、生活能力、器用さ、ルールを守る力など、机に座った勉強では獲得できない能力を、子どもは「遊び」の中で獲得します。

1 意欲・自発性

のぼってみたい!!
やってみたい!!

環境を探索し、挑戦することによって意欲がわいてきます。

2 社会性、人間関係の力

ダメー!!
わたしのー!!
いただきます
ごはんですよ

大人のまねをしながら社会に必要なスキルを獲得します。かかわりによって言葉も育ちます。

3 自己有能感、達成感

はいったぁ!!
はいったね!

「できた！」「自分はうまくやれる」という自信をはぐくみます。

4 思考力、認識力

あれ?
?

物の性質・形
大きさ・重さ
感触・数
空間感覚
原因と結果　etc　etc ……

5 情緒の安定

ぴちゃぴちゃ
もう! はやくおきなさい ぐずぐずいわないの!
あら…私そっくり…

自分で自分を癒す

受け入れがたい現実を、遊びをくぐらせることによって消化します。

遊びには正解がありません。遊びのルールは、状況に合わせて柔軟に変えることができます。遊びの中では、どの子も同じように失敗を経験します。幼児期に、柔軟でたくましい心を身につけた子どもたちは、苦労や挫折を軽々と乗り越えていけるでしょう。

想像力を育てよう

人の痛みがわかる人になってほしい、優しい人になってほしい。多くの親はそう願います。そのためには、幼児期の友達とのごっこ遊びが大切です。

想像する力は幼児期に伸びます

赤ちゃんは見立てたり、つもりになって遊ぶことはできません。1歳の後半ごろから、遊びの中に想像が少しずつ生まれ、3歳を過ぎると友達とイメージを合わせてごっこ遊びをするようになります。

1歳半～4歳ごろは想像力がぐんぐん育つ時期

・物を何かに“見立てる”
・何かをやっている“つもり”になる
・やたらに“ひとりごと”が多い
・“ごっこ遊び”が大好き

これらは想像力が育っている証拠

想像力はこんな力へとつながっていきます

思考する
（情報を応用する）

相手の気持ちを推理する
（自分の経験を他人に応用する）

自分の思いがある

想像力が未発達なままだと……

・融通がきかない、こだわりが強い。
・言われたことしかできない。
・習ったこと、体験したこと以外はわからない。
・自己中心的、相手の立場で考えることが難しい。
・自分で遊びや楽しみをつくり出すことができない。
・感謝や共感の気持ちがわかない。

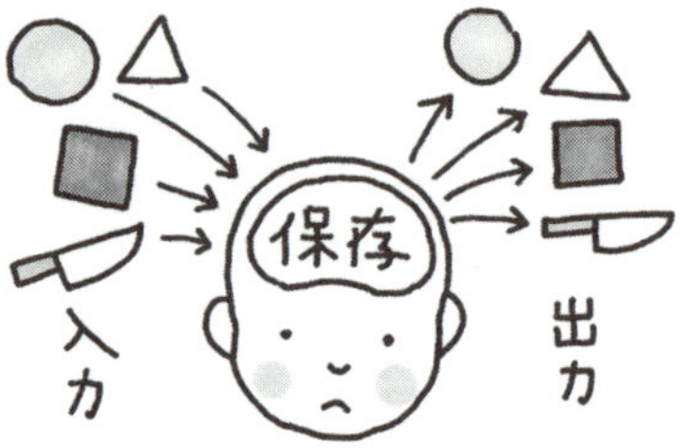

情報入力・そのまま出力。
応用されることがない。

想像力を伸ばす遊びの素材とは

完成品より未完成なもの
色や形が単純なもの

単純な色や形だと、想像力によってさまざまなものに見立てることができる。

プラスチックのおもちゃなど

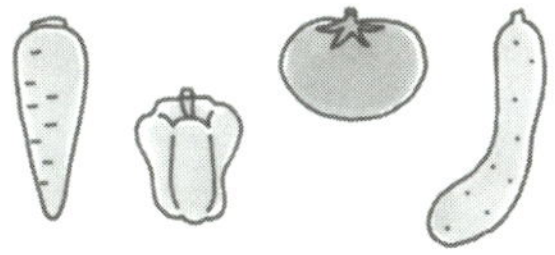

想像しにくいおもちゃは、４歳以降のカタログ的知識を求める時期になってから。

子どもは遊びながら想像力を伸ばします

想像力が伸びる時期の子どもは、盛んにひとりごとを言いごっこ遊びを繰り返します。人形一つで豊かに遊ぶことができるのが、この時期の子どもです。想像力が十分に伸びた子どもには、やがて知識欲の時代がやってきます。

想像力を伸ばす大人とは

・お友達ママ

「さあ、包丁で切りましょう」
「ケーキを食べるわね」
自分も子どもになって、いっしょに遊んじゃう。

指示ママは
切ってごらん
お皿にいれてごらん

・見守りママ

飽きたとき、求めてきたときに、ちょこっとアドバイス。

指示ママは
あーしてこーしてこうこう

・のーんびりママ

子どもの遊ぶ姿がだーい好き。
早期教育には興味なし。
ひらがなや、数、漢字などは、子どもが興味をもったときや、生活の中で自然に教えようと思っている。
（操作しにくいイメージを与えすぎると、想像力の発達を妨げる場合もあります）

明るく楽しく愉快なしつけ

子どもに意欲的になってほしいと願うのであれば、親が、「めんどうくさ〜い」と言わずに、元気で意欲的な行動をしてみせることが一番。プラス、肯定的な言葉をかけられたら最高です。

子どもの意欲を引き出す

2歳ごろの子どもは、うまくやりたいという意欲が満々で、かつ自分でうまくできると思い込んでいます。しかし実際には、「できない！」とかんしゃくを起こしてしまうことがよくあります。

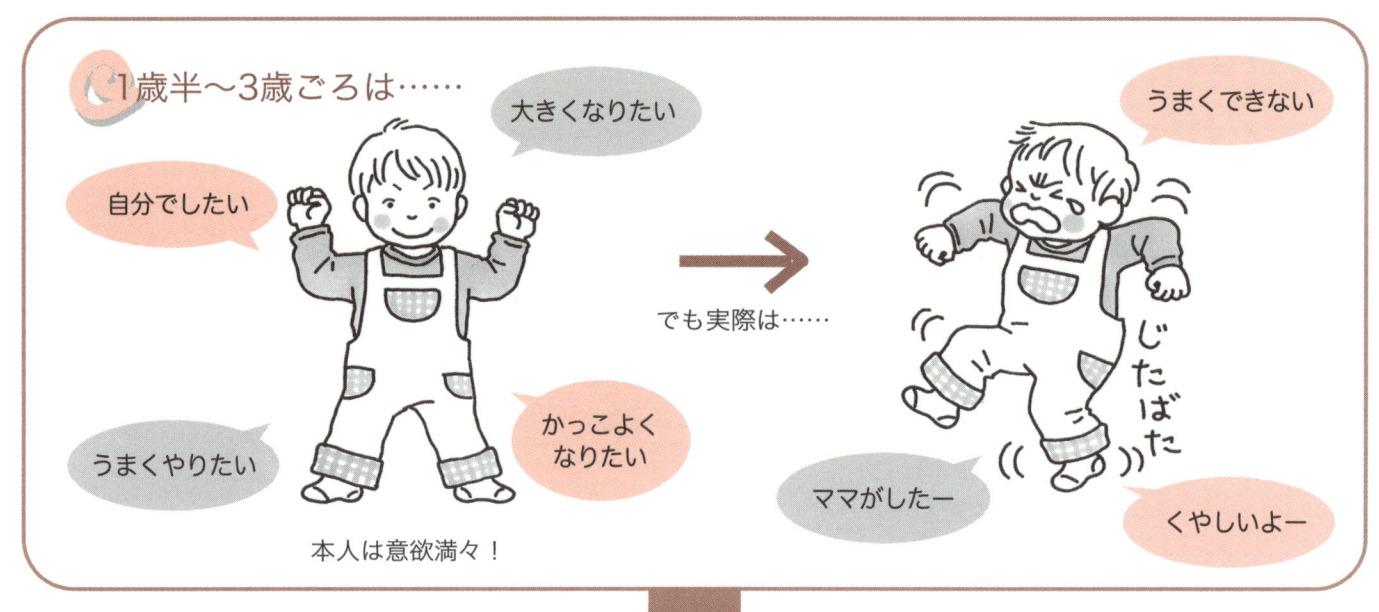

1歳半〜3歳ごろは……
大きくなりたい
自分でしたい
うまくやりたい
かっこよく
なりたい
本人は意欲満々！
でも実際は……
うまくできない
じたばた
ママがしたー
くやしいよー

そこで

ポジティブ星人参上！！

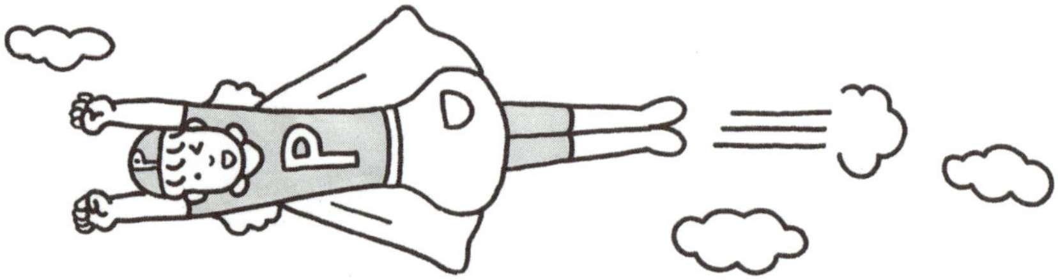

ポジティブ星人は、子どもの意欲を生かしながら、上手に援助して、子どもに達成感と自信を味わわせるのだ!!

ポジティブ1
《意欲を生かす》

肯定的なイメージを伝える。

このおにぎりを食べると、
モリモリ力がわいてくるよ。

ゆっくり眠ると
体が大きくなるんだよ。
さあ目をつぶろうね。

これをそーっと
持って行ってね。

ポジティブ2
《尊重する》

選ばせる。頼む。頼ってみる。

この靴とこの靴、
どっちがいい？

○ちゃん、
○○をお願いね。

困ったなあ、
○ちゃん、助けてくれる？
おもちゃ

ポジティブ3
《明るく愉快に》

うたう。オーバーにほめる。

ゆびで♪
おくつをひっぱって♪
かかとを入れたら♪
ハイOK♪

靴が入らずイライラしている子に、
でたらめ歌で気分転換。

うわあ、
かっこいいウンチが出たね。
すごいぞー！

くさくてもほめる。

子どもは、親の思い通りにはなりません。一度や二度言い聞かせて、「はいわかりました」と学習してくれたらどんなに楽でしょう。子育てをすると根気強くなりますね。

外遊びって すばらしい

元気でいきいきとした健康な子どもに育ってほしい。それは親の願いです。そのためには、「早寝・早起き・外遊び」が一番！

外遊びをたっぷりしている子は……

外遊びには、子どもの心身を健康に育てる「太陽の光」と「暑さ、寒さ」「自然とのかかわり」があります。また、運動の質と量という点でも外遊びは優れています。

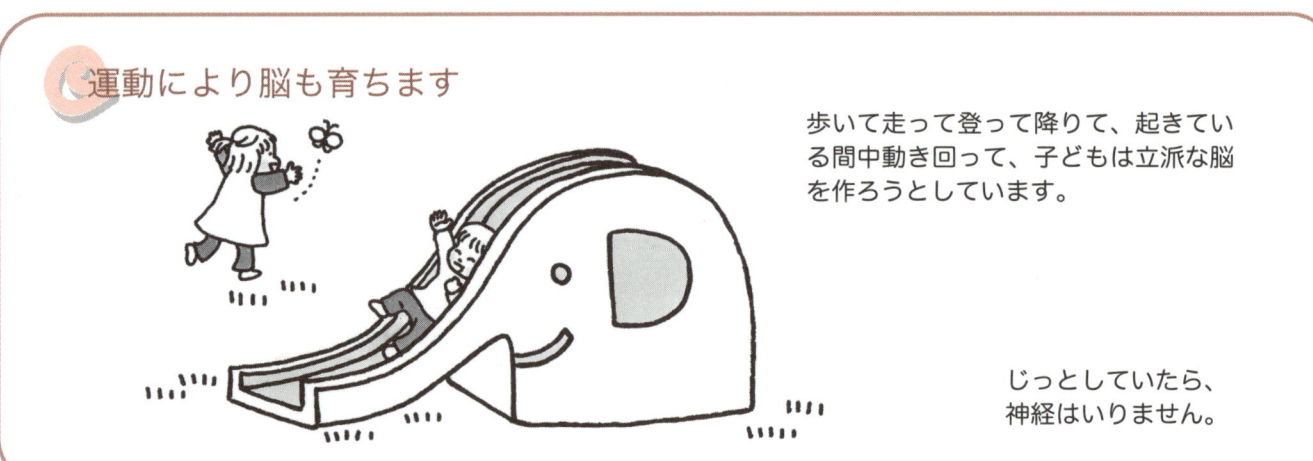

よく眠る子に育ちます

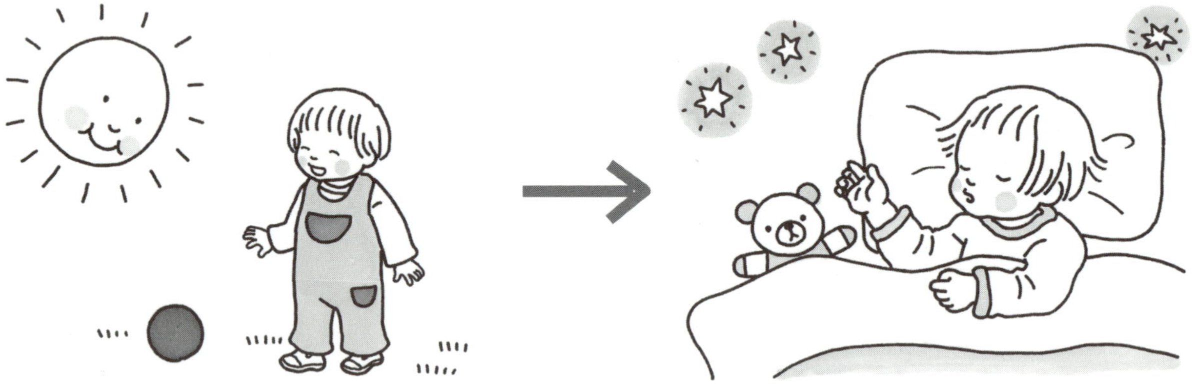

昼間日光を浴びると……、

夜ぐっすり眠るためのメラトニンがよく出ます。

運動により脳も育ちます

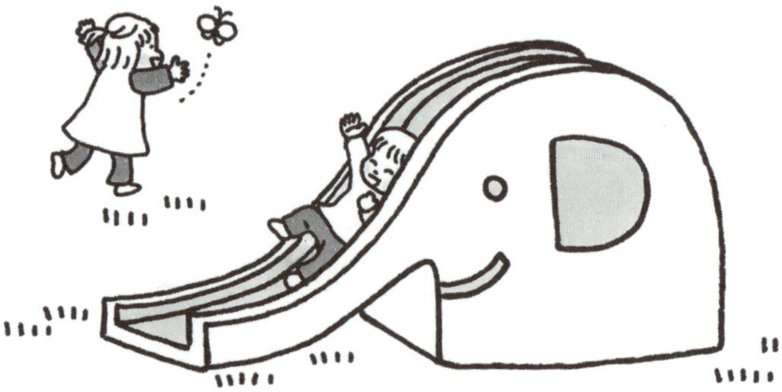

歩いて走って登って降りて、起きている間中動き回って、子どもは立派な脳を作ろうとしています。

じっとしていたら、
神経はいりません。

豊かな感性が育ちます

風を気持ちいいと思い、
水を見つけたら
駆けだしていく。
そんな
自然大好きな子に
育てたいですね。

おまけ

よく寝る母は
悩み知らず。

外遊びは、よく寝る母も育てます……。

お父さん、
よく寝るママは、
昼間子育てを
がんばっていますよ！

外で体を動かして遊んだ日は、素直でとてもいい子なのに、外で何日も遊べないと、グズグズと聞き分けが悪くなりませんか。毎日、外でのびのびと遊ぶ子は、ストレスとは無縁。体がスッキリしている子は、表情もイキイキと輝いています。

環境をつくろう

子どもにあれはダメ！　ここはダメ！　と怒るよりも、環境を変えることで子どもの行動が変わることがあります。環境づくりのテクニックを身につけてみましょう。

赤ちゃんや幼児は環境の影響を受けやすい

広い場所では走り、高いところがあると登る……幼児はみな同じような行動を取ります。それは幼児が環境の出している情報に反応してしまうからです。

ボールを見ると……

おっ
え〜い
ついけっちゃう！

高いところを見ると……

あっ
つい登っちゃう！
幼児はまっすぐ歩かない……。

大人は、自らの意思が育っているため、環境の影響を受けにくくなっています（それでも気分的に影響を受けていますが）。ですから、高いところを見つけても、いちいち登らずに歩いていけるのです。ところが、赤ちゃんや幼児は、まだ意思が育っている途中であるため、環境に影響を受けやすく、環境によって行動してしまうのです。

行動に合わせた環境をつくる

あれをしなさい、これをしなさいと口うるさく言うよりも、思わずやってみたくなるような環境をつくると、子どもが自分から行動することが増えるでしょう。

眠る環境

電気を消して暗くしましょう。

手洗いの環境

踏み台ときれいな色の魅力的なせっけんを用意しましょう。

コミュニケーションの遊びの環境

楽しい声、大きな動きが子どもの意欲を引き出します。

起きる環境

風と光を入れましょう。

片づけの環境

子どもが片づけやすい高さの棚に、適切な量のおもちゃが置かれています。

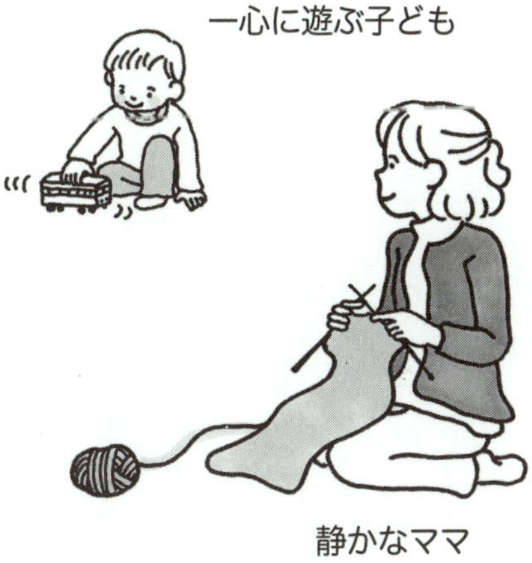

自分づくりの遊びの環境

静かで優しい動きが、子どもの集中を助けます。

意欲のある子は早寝早起き

朝「おはよう！」と気持ちよく起きてきて、自分で準備をして「行ってきま～す！」と元気に学校へ出かけて行く、そんな小学生だったらどんなにいいでしょう。そのために、乳幼児期にほんのちょっと手をかけてみませんか。

早く寝かしつけるとこんなに楽！～小さいうちが勝負～

6歳までの子どもの理想的な就寝時間は8時。「そんなばかなー」と思うけれど、やっぱり早寝早起きの子どもには、いいことがたくさんあります。

自分ですっきりと起きる！

自分ですっきりと起きる。「早く起きなさい」と言わなくていい。

ひとりでよく遊び機嫌がよい

眠りが足りていると情緒も安定。親のイライラも少なくてすむ。

意欲的！

「早くしなさい」と言わなくてすむ。

時間ができる

夜、ゆっくりと大人の時間を楽しめる……。

病気に強い！

ぐっすり眠ると食欲もわく。自律神経、ホルモン分泌、消化器の働きも快調！

早寝早起きの習慣がつく

「早く寝なさい」と言わなくていい。

子どもを寝かしつけるには？

子どもに1日3回食事を食べさせるように、幼児の間は、毎日子どもを寝かしつけることが親の役割です。睡眠のリズムができあがると、次第に同じ時間に眠くなるようになります。

パパは
早めに家に帰ってくる

電気を消して
部屋を暗くする

9時までには
ふとんに入れる

テレビなどの音は
小さくする

背中を軽くたたいたり
さすったりする

寝かしつける時間は
15分から30分

寝かしつけて
もらえない子どもは、
毎日体の限界に挑戦！

幼児は、放っておくと体の限界まで起きています。親に寝かしつけてもらえない子どもは、脳の疲労もたまりがちです。

遊びながら
バッタリ

トイレ トレーニング

トイレトレーニングは、個人差が大きいものです。早い時期に始めるほど長くかかり、年齢が高くなってから始めると比較的短期間でとれる傾向があるようです。

いつごろ始めたらいいの？

子どもがコミュニケーションがしっかりとれるようになった、おしっこがたっぷりまとまって出るようになった、親がゆとりがあり、いつごろおしっこが出るかわかるようになったという時期を選ぶといいでしょう。

トレーニングの始めどきは…

ほめるとすぐその気になる1歳前半と、話せばわかる2歳半過ぎがやりやすいようです。1歳後半～2歳前半のイヤイヤの時期は、2倍ほめて工夫してみましょう。

1歳前半

ほめるとすぐその気になる。

1歳後半～2歳前半

イヤイヤの時期。
2倍ほめて工夫が必要。

2歳半過ぎ

話せばわかる。

こんなことから始めてみよう

うんちをがんばり始めたら、トイレに連れて行ってさせる。

お昼寝の後や、そろそろ出そうなときに、オマルやトイレに座らせる。

トイレでできる少し大きい子に家でしてもらう。パパがしているときを見せる。

うまくいく工夫あれこれ

しつけは、ほめて楽しくやれることが一番。親自身が苦痛にならない方法を選びましょう。例えば「うちは下の子が生まれたばかりだし幼稚園の入園前まで待とう」ということがあってもいいのです。

トレーニングの始めどきは…

子どもが何度も行きたがるような、魅力的なトイレ空間をつくってみましょう！

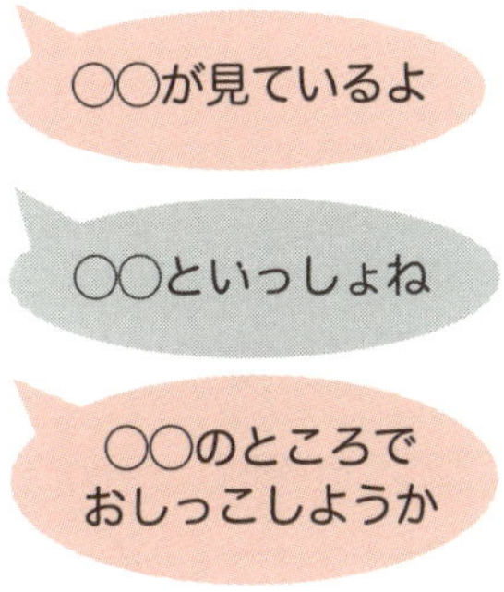

○○が見ているよ
○○といっしょね
○○のところで
おしっこしようか

切り抜き
手作り
人形
お祭りの
お面
大好きな
キャラクターを
トイレに座らせる
ふかふかじゅうたん

こんなことから始めてみよう

赤ちゃんのときから繰り返し繰り返し、同じ言葉でほめましょう。

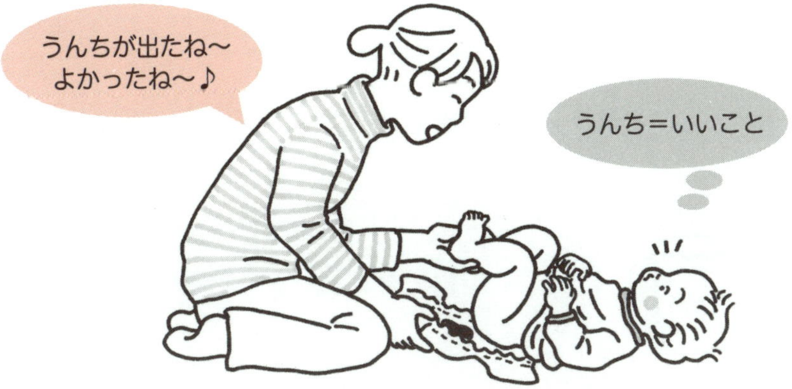

うんちが出たね～
よかったね～♪
うんち＝いいこと

「くさーい」「まだなの？」「ばっちい」などの言葉は、〈うんち＝嫌なこと〉と思ってしまいます。

こんなことから始めてみよう

オーバーにほめましょう。

うわあ～
上手ね～

始めからうまくできなくてあたりまえ。
何度も繰り返して、できるようになります。

おやつとお菓子

子どもの体も脳も神経物質もみんな食べ物でできています。幼児期の食の大切さはどんなに強調してもしたりません。しかし最近では、お菓子やジュースが家庭に毎日あるのがあたりまえ。お口のしつけがとても難しくなっています。

幼児のおやつは栄養と水分の補給

幼児は食を選べません。子どもの肥満や生活習慣病が問題になっています。塩分や糖分の多いお菓子を幼児に大人と同じように食べさせることは避けたいものです。

幼児にとっておやつとは？

幼児の体に必要な食物は、1日3回の食事では十分にとれないため、1日4回の食事が必要です。おやつは、エネルギー、たんぱく質、ビタミン、水分の補給をするものです。
大人のおやつと、幼児のおやつは意味が違うのです。

おなかすいた～
のどかわいた～
ちょっと休憩
楽しみ～

例えば、
食育に力を入れている保育園のおやつメニュー

（月）団子汁、甘夏
（火）レーズンスティック、チーズ
（水）チャーハン、いり大豆
（木）よもぎ団子
（金）ふかしいも、牛乳
（土）おにぎり

MILK

……ほとんど食事

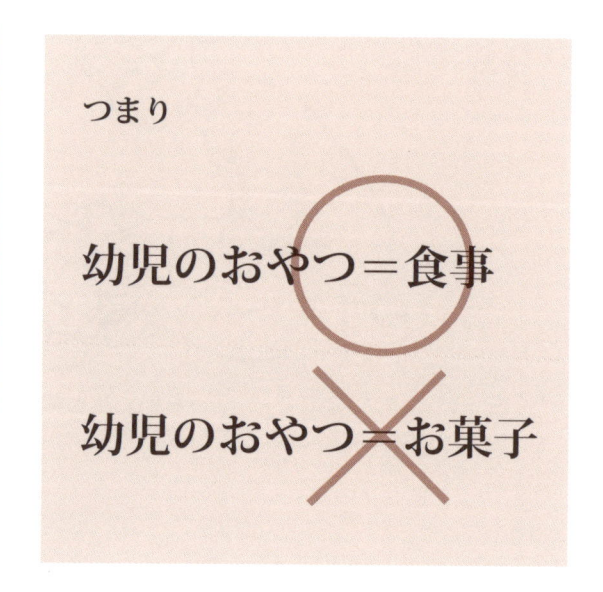

つまり

幼児のおやつ＝食事

幼児のおやつ＝お菓子

じゃあお菓子は？

お菓子＝嗜好《しこう》品
酒・たばこの仲間

お菓子とジュースを与えすぎると危険

わが子を生活習慣病に！

小学生の糖尿病が増加中。
「ペットボトル症候群」とも。

わが子を虫歯に！

「口の中を見れば親のしつけがわかる」
といわれます。

わが子を小鳥族に！

いつも何か食べている。
お口のけじめなし。

こんな工夫をしています

子どもが寝てから、ゆっくりお菓子を食べています。

1週間に1度、100円で好きなお菓子を買う日を決めています。

ジュースをお茶代わりに飲ませていましたが、今は麦茶かお水にしました。かなり節約になりますよ。

子育てはじゅんばんこ

「子どもは
人に迷惑をかけながら育つものよ」
近所のおばちゃんは教えてくれた

「子育ては
人に頼りながらするものよ」
そういって、赤ちゃんを抱き上げた

「そうして　あなたが　手があいたら
また　次の人にしてあげればいいのよ」
おばちゃんは
そう言って　にっこり笑った

第4章

聡明な子育て

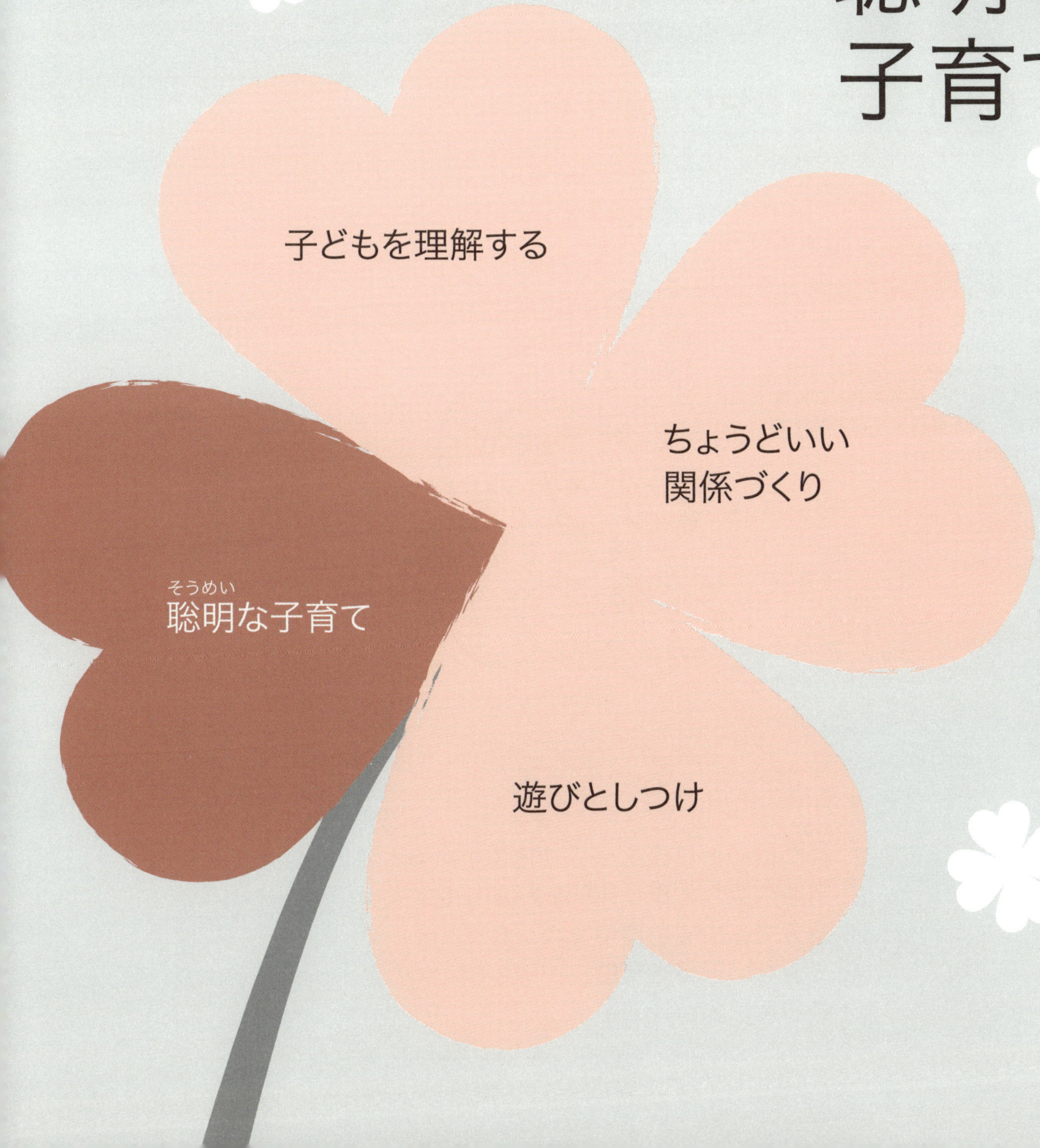
子どもを理解する
ちょうどいい
関係づくり
聡明《そうめい》な子育て
遊びとしつけ

生活のスキルは叱らない

ハダカで生まれてくる赤ちゃん。食べること、眠ること、洋服を着ること……一つひとつ生活の仕方を教えてもらって人間になっていきます。どれもできないのがあたりまえですから、叱る必要はありません。上手な教え方を考えてみましょう。

子どもはいつでもやりたがりや

子どもはうまくなりたい、ママやパパのようになりたい、という意欲にあふれています。その意欲を伸ばし、具体的にどうすればいいかをていねいに教えると、しつけもスムーズです。

パンツやズボンをはく

子どもはいつでもやりたがりや。うまくなりたい！　上手になりたい！　という意欲にあふれています。その意欲をうんと伸ばすと、ややこしいしつけもスムーズに進みます。大人はちょっと手助けするだけで十分です。

お尻を床にぺたんとつけてパンツやズボンをはくとはきやすい。

楽しくやろう♪

右足入れて
ばあ
右足を出すのを手伝う。

左足入れて
ばあ
左足を出すのを手伝う。

立っちして
立つのを手伝う。

うんとこしょ
どっこいしょ
パンツ（ズボン）を引き上げるのを手伝う。

いつも同じ言葉ではくのを手伝うと、すぐに覚えてしまいます。

生活のスキル(技能）の教え方5か条

1. 時間にゆとりをもって（時間があるときに）
2. 手順ややり方を具体的にわかりやすく
3. 自分でしやすい環境をつくり
4. できない部分を援助
5. 毎日毎日繰り返す

例えば「食べる」こと一つをとっても、たくさんのスキルがある

口を閉じること
よくかむこと
飲み込むこと

「ママのお口を見て」
口を閉じて食べてみせる。

少しずつ
口に入れること

「少しずつ食べようね」
「はい、半分こ」

食事を
楽しむこと

「おいしいねー」

繰り返しが大切

ほかにも
たくさんある
スキルを……、

毎日毎日繰り返し、

この
ていねいさが、

実を結ぶ。

ちゃんと食べなさい
きちんとしなさい
がんばりなさい

抽象的な父

さっさっ
技は見て盗むもんでい!!

職人気質の母

よく
わかんないよー

ゆーっくり
してみせてくれたら、
きちんとていねいに
教えてもらえたら、
私（ぼく）だって、
できるようになるよ。

怒った顔はどんな顔

いつもにっこりと笑っている優しいママやパパでいたい……けれど、子育てはそんなに甘くはありません。親として、子どもとしっかり向かい合う力を、身につけることも大切です。

言葉と表情を一致させよう

幼い子どもは、大人の表情や口調を判断の材料にしています。伝わるか伝わらないかは、言い聞かせる内容よりも、顔の表情や口調が肝心です。

わかりやすい怒り顔

いけません!

顔と言葉が一致している

↓

赤ちゃんにもわかりやすい

↓

怒っていることが
伝わりやすい

わかりにくい怒り顔

いけません
あら
じょうずね
いけません
なに
してるの
はやく
しなさい
いけま
せん
だめ!!

① 顔と言葉が一致しない

② 普段の顔が怖い

③ いつも怒っている

↓

わかりにくい

↓

伝わらないので何度言っても聞かない

怒りの三段階

あなたはどのレベルの怒り方が多いですか？　どんなときにレベル３になりますか？

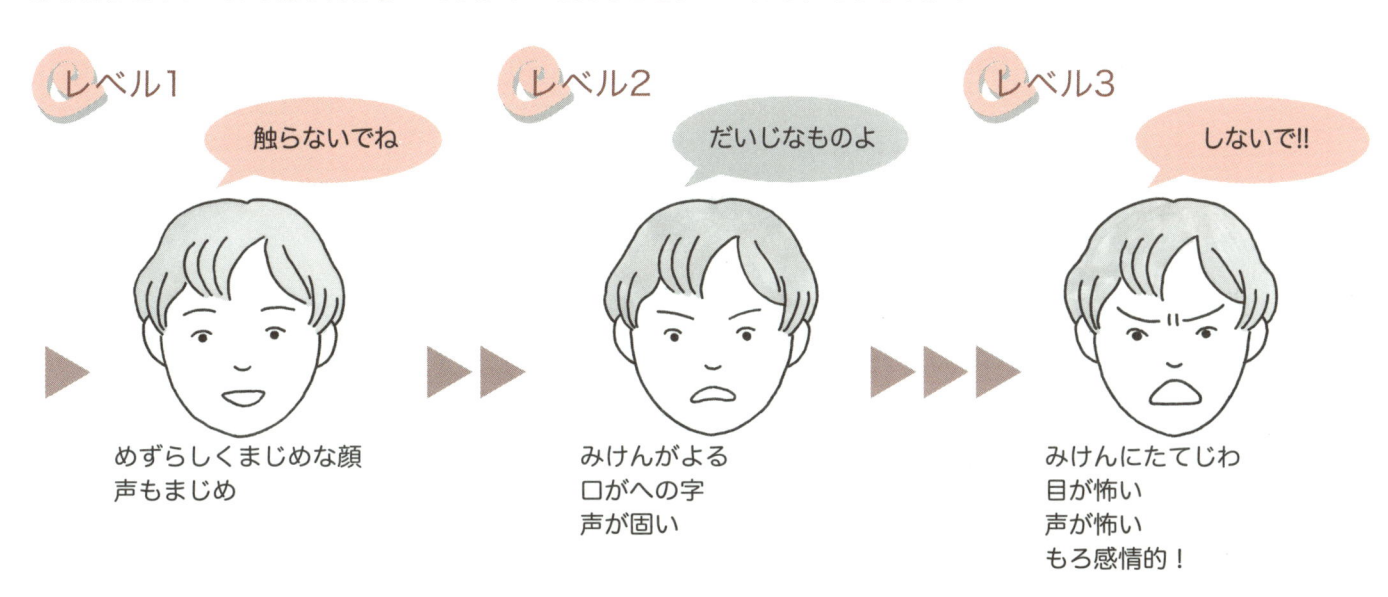

レベル1

めずらしくまじめな顔
声もまじめ

レベル2

みけんがよる
口がへの字
声が固い

レベル3

みけんにたてじわ
目が怖い
声が怖い
もろ感情的！

子育ては毎日が感情表現のワークショップ

喜びの感情や愛情を言葉や体で表現してみよう

「大好きよ」
「うれしいなあ」
「ありがとう」
ぎゅーっと抱きしめる。

ネガティブな感情を表現し伝えてみよう

「いやだ」
「それはしてほしくない」
怒っている顔や声。
悲しい顔や声。

やわらかな心と体を取り戻そう

子どもとうたおう。
大きな声で笑おう。
子どもと走ろう。
いっしょに遊ぼう。

夜のお仕事

イライラ、ギーギー、かんしゃくもち……いつも機嫌が悪い子だと親は大変……。つい怒る回数も増えます。赤ちゃんは眠くなったり、おなかがすくと泣き出します。幼児も同じように、体の気持ち悪さをかんしゃくや乱暴で表現することが多いのです。いつも機嫌が悪いとすれば、それは睡眠不足のせいかもしれません。

遅寝遅起きくんの一日

自分で目を覚まし、「おはよう！」と気持ちよく一日を始められる子と比べて、遅寝遅起きの子どもは午前中はボーっとして夕方から夜が元気がよいという不健康な生活習慣を獲得しがち。「早くしなさい」と指示をされて生活をする癖がつくことも、とってももったいないことです。

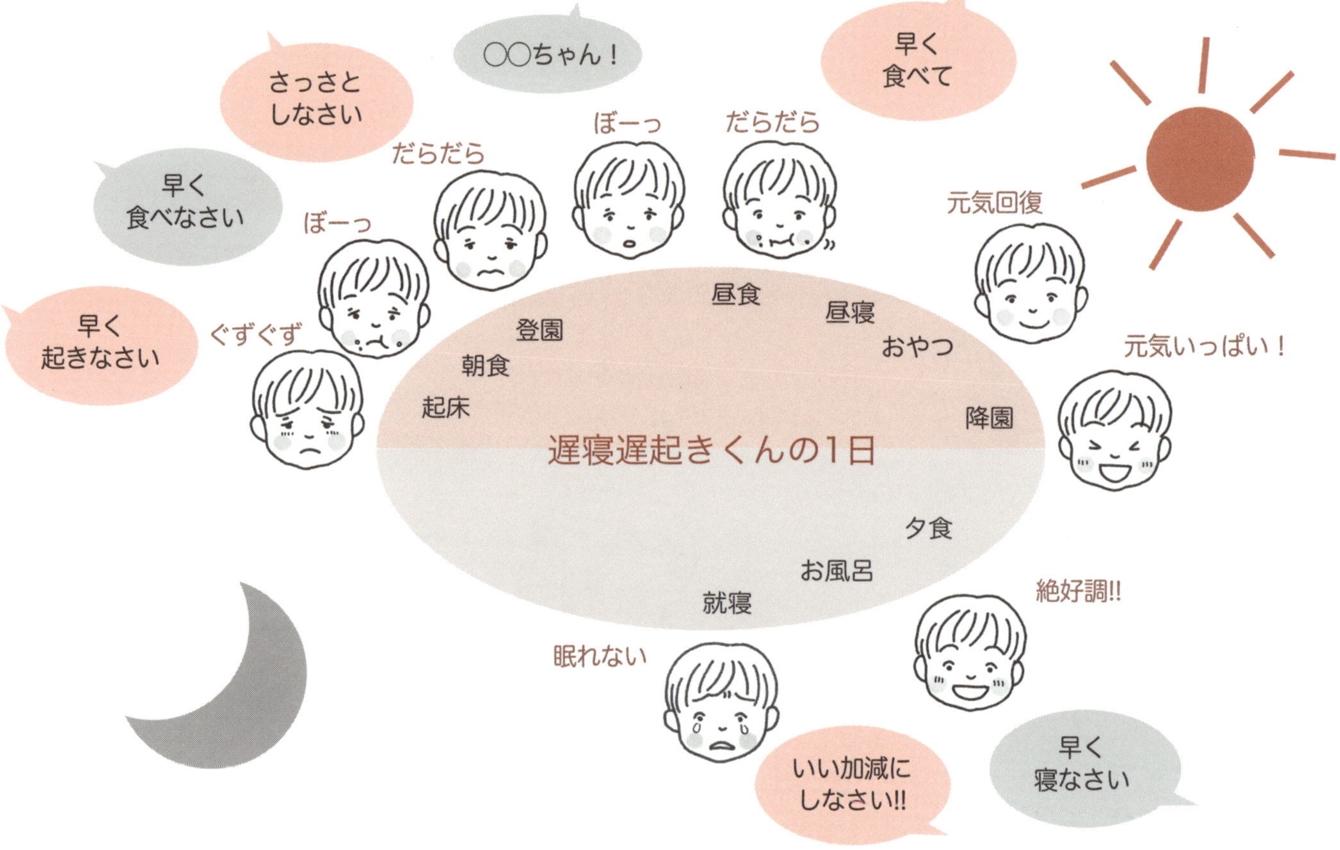

早く起きなさい
早く食べなさい
さっさとしなさい
○○ちゃん！
早く食べて
ぐずぐず
ぼーっ
だらだら
ぼーっ
だらだら
元気回復
元気いっぱい！
絶好調!!
眠れない
いい加減にしなさい!!
早く寝なさい
起床
朝食
登園
昼食
昼寝
おやつ
降園
遅寝遅起きくんの1日
夕食
お風呂
就寝

乳幼児期の遅寝遅起きにはほかにもこんな危険が……

夜型生活リズムの定着 → 登園しぶり、不登校
自律神経の不十分な発達 → 体温調節、内臓、免疫機能にも悪影響
睡眠不足による情緒の不安定 → 遊び（学習）不足、経験不足 → 自尊心の低下

寝かしつけ方のコツを伝授します！

子どもの眠りが浅かったり、寝つきが悪いと本当に親はつらいですよね。　夜ぐっすり眠れるヒントを紹介します。

寝る前は興奮させない

静かにする・暗くする

「早く寝て」と思わない

眠りが深くなるコツ

昼夜のメリハリをつける

光と風と笑いを。

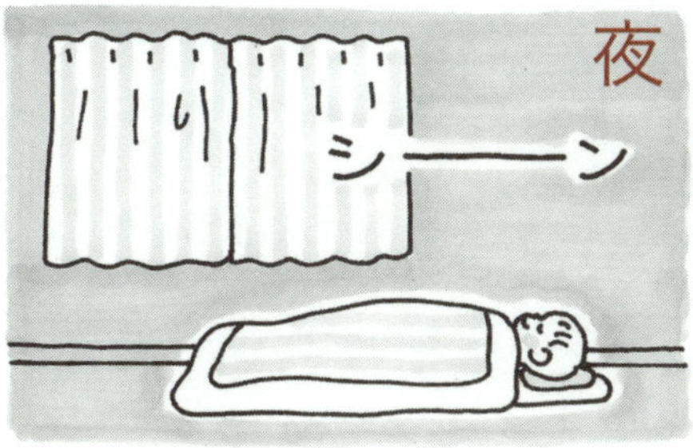

静かで暗い夜を。

いきいきと遊ぶ習慣をつける

散歩と外遊び。おしゃべりと笑い。

夜のテレビ、スマートフォン、テレビゲームは、メラトニン分泌を抑制し、睡眠リズムを乱す危険性が指摘されています。
→子どもが寝る部屋には置かないようにしましょう。

暑すぎないか確認をする

ふとんやパジャマは大人より薄めにしましょう。特に赤ちゃんは、厚着が大の苦手です。暑いと何度も起きてきます。

幼児期の経験は学力の土台

幼児期は、経験によってさまざまな能力を獲得します。幼児期の生活体験、遊びの体験、人とのコミュニケーション体験が、学力の土台となります。ソフト（知識）を入れることよりも、ハード（経験）を育てることを大切にしましょう。

豊かな体験を

今の時代、わが子に親の子ども時代と同じ経験をさせることはとても大変です。しかし、幼児期は体を動かし、五感のすべてを使って学習する時期。お休みの日には自然の中へ連れて行けるといいですね。

実体験があるからよくわかる

におい、感触。
不思議だと感じたこと。
鮮やかによみがえる経験。

わかった気になっている

知識は豊富ですが、思考力や探求心がないため先細りが目に見えます。

学力の土台となる力

幼児期は、学力や生きる力の基礎を積み上げる時期です。幼児期には、次のような力を育てておきたいですね。

話を聞く力

学習は、人への信頼によって成り立ちます。小学校以降は、話を聞くことが主な学習活動です。

言葉の力

友達や家族と経験に基づいた豊かなおしゃべりをする子は、学力の土台が育っています。

自分で遊びをつくる力

遊びには、想像力、思考力、応用力など、その子どものもつ創造性が現れます。

体力

幼児期に「めんどくさーい」「疲れたー」と言っているようでは、学習活動はつらいでしょう。

生活習慣の自立

食事・睡眠・運動……ていねいな暮らしをしている子どもは生活習慣が自立しています。

幼児期の学力は、遊び、話し言葉や友達との関係などに現れます。それらは、家庭・地域・園の文化の中ではぐくまれます。自然や人とのかかわりを伴うプロセスの豊かな学びを準備したいものです。

大切なわが子を映像漬けにしない方法

最近、ＤＶＤやスマートフォンが育児に使われるようになりましたが、日本小児科医会は「2歳まではできるだけ見せないように」と提言を発表しています。

電子ベビーシッターの危険性

子どもは本来、テレビを見なくても自分で遊びをつくりだす力をもっています。しかし、一方的に刺激や楽しみを与えてもらう環境で育つことで、自分で考えたり創造することが苦手になってしまう場合もあります。

乳幼児期はおとなしくて楽!!

テレビ大好き

- 受身で楽しませてもらうことが好き！
- 強くて新奇な刺激でも平気！
- 自分で遊べない。

小・中学生になると…

ゲーム好き

- 動くことは苦手。
- 自分で考えることは苦手。
- 強い刺激でも平気。

青年期以降は…

- 働くことは苦手。
- コミュニケーションは苦手。
- 経験が少ないから自分に自信がもてない。

メディア・リテラシーの目安

子どもがメディア機器に振り回されずに、道具として上手に使いこなせるようになるために、年齢に合わせて少しずつ、メディアとつきあう力を育てましょう。

0～3歳ごろまで

コミュニケーションの基礎が確立し、おしゃべりが上手にできるようになるまでは、直接、人とかかわることを中心にしましょう。外遊びや手や体を使う遊びが必要です。映像視聴は1回20分までに。

幼児期

友達とのかかわりの中で、よいこと、悪いことを学習する時期です。テレビゲームよりも友達と体をぶつかり合わせて遊ぶことが大切です。テレビは親が番組を選んで見せましょう。

小学生

テレビ番組は親と話し合って選びましょう。テレビゲーム・パソコン・携帯などメディア機器を欲しがるようになります。親子で学習をし、危険性を十分に把握したうえで判断しましょう。

テレビ中毒 5つのチェックポイント

1. テレビを消すと泣く・いやがる。
2. テレビに映る子は好きだが、ほかの子どもに関心が少ない。
3. テレビ以外ではあまり笑わない。
4. テレビの言葉や遊びを繰り返す。
5. テレビには集中できるが、絵本には集中できない。

教育番組や教育ソフトならば子どもにいい？

赤ちゃんは、光刺激や強い音刺激、新奇な刺激にひきつけられることはわかっていますが、自然とは異質の視覚刺激の継続的な受容が、子どもの認知や社会性の発達にどのような影響を与えるかまだわかっていません。乳児期にテレビを用いることの安全性も有効性も科学的には証明されていないのです。

乳幼児期は、人や物、自然と直接触れ合いさまざまな能力を獲得します。乳幼児期の体験は学習の機会です。子ども向けの楽しい番組ほど、子どもはテレビにくぎづけになるため、その時間が長時間になることは、学習の時間が減ると考えたほうがよいでしょう。

同居人家族からの脱出！

赤ちゃんは本来、テレビを見なくても遊びをつくり出す力をもっています。でも小さいうちから見せられていると、子どもに本来備わっている考える力、働きかける力が育たずに、自分で遊べなくなってしまう場合もあります。では、テレビを消して何をすればいいんでしょう。

かかわってこそ家族

子どもにとって世界中の誰よりも大切なパパとママ。これほどに求め、愛してくれる人たちはほかにいません。
一日のうち、ほんのわずかな時間でも、子どもの目を見てかかわる時間を作ってみませんか。

家族はいても同居人

わあ
すごいねー
お母さん
みてみて
かかわりのある家族

家の中での遊びのヒント

子どもに「外で遊んでおいで」と言えばよかった昔の子育て。本当にうらやましいですね。家の中で遊ぶ時間が多い現代の子育てでは、親の工夫が必要です。

家に遊びのヒントを置きましょう

1、2歳なら

① 体を動かすこと自体が遊びです

脳に酸素をぐんぐんぐん。

② 手を使える遊びの材料を準備

手を使えるものを考えてみよう。

③ 友達を家に呼ぼう

友達は一人でも十分。
いっしょにいるだけでいい時期。

3歳以上なら

① 図鑑や地図、工作や遊びの本などを準備

② 自分で工夫できる材料を準備

③ 夕食準備の時間は音楽をかけて

子どものけんか どうしてる？

公園で、ほかの子におもちゃを取られてバチン！「ワーン」と泣き出す相手の子。「たたいちゃだめでしょ」「ごめんなさいは？」と言っても知らん顔。こんな経験ってありませんか？

子どもの遊びにけんかはつきもの

1歳や2歳で「スコップがほしいの？　はいどうぞ」なんて貸す子どもがいるはずがありません。子どもたちは、何度もけんかをしながら少しずつルールを理解していきます。

こんなとき子どもたちは……

あのスコップが
欲しいよー。
たたいちゃだめでしょ！
ごめんなさいは？
ふん
たたいたー
私のスコップを
取ったもん

子どもなりのちゃんとした理由がある

子どもたちは人間関係の初心者。
だから大人の控えめな手助けが必要なのです。

控えめな手助けって？

「ごめんなさいは!?」とどんなに怒っても、子どもは次からどうすればよいのか学ぶことができません。次からどうすればいいのか、何度も繰り返し教えましょう。

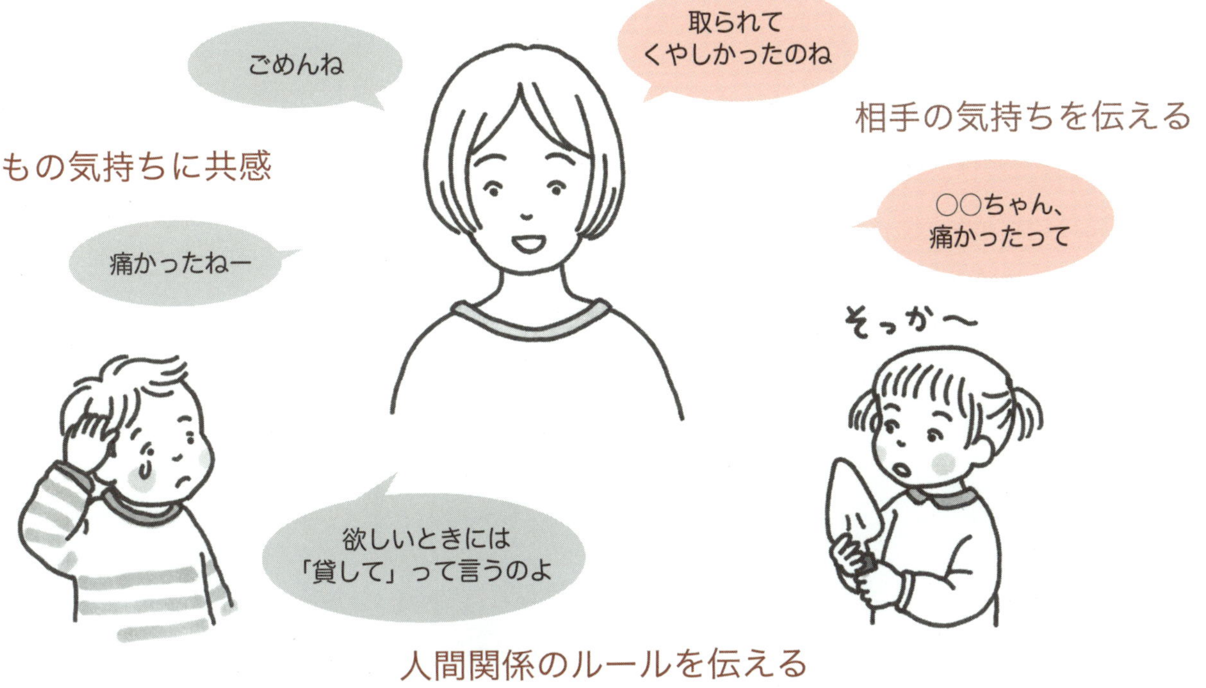

ごめんね
取られて
くやしかったのね
相手の気持ちを伝える
子どもの気持ちに共感
○○ちゃん、
痛かったって
痛かったねー
そっか～
欲しいときには
「貸して」って言うのよ
人間関係のルールを伝える

友達とのぶつかり合いや遊びの中で、子どもたちは人間関係を学びます。
3、4歳以降は（ルールを知っているので）けんかもある程度見守っていきましょう！

ここで一句……

一、二歳
物をがめても
あたりまえ

けんかする
友達がいて
よかったね

＊「がめる」とは博多弁で独り占めにすることを言います。

「ごめんなさい」はどう教える？

「おはよう」というあいさつのように、親がいつも使っていると子どもも自然に使うようになります。わが子がほかの子どもに何か悪いことをしたときには、まず親が「すみません」、「ごめんね」とあやまりましょう。

けんかの対応

「子どものけんかに親が口出しをするな」と昔から言われてきました、でもけんかして「○○ちゃんがー」と泣いて帰ってきたら、やっぱり心配になるのが親心。そんなときって、どうしたらいいんでしょう。

幼稚園に入ると……

幼稚園に行くころになると、けんかの内容も複雑になってきます。とくに、初めて集団を作り始める4歳ごろは仲間はずしをしたり、友達にいじわるを言うことがよく起こります。

親がトラブル解決型

まあ！
なんて子！
ひどいわ！
○○ちゃんが～
↑
子どもと同じレベルで怒っている

↓

子どもの気持ちに共感することは大切ですが、子どもと同じレベルで怒るのでは、あまりに大人げないものです。

あやまって
もらいなさい
そういうときは
――して――して
――して――して
――するのよ
ほんとに
○○ちゃんは
悪意いっぱい→
けんかへの
こだわり
相手の子への
憎しみ、こだわり

友達と遊んで、けんかして、泣いて、苦しむことは一人前の人間になるために絶対必要なこと。
小さいときにその経験を取り上げてしまったら、子どもは一生、人間関係で苦しむことになるのかもしれません。

子どもがトラブル解決型

そう
いやだったね
痛かったね
とっても
くやしかった
ねえ
○○ちゃんが～

↑
大人としての見通しをもちながら、
子どもの気持ちに共感

話を聞いてもらって一晩眠れば、翌日はケロッと仲直りできるのが幼児期です。子どもは、自分で乗り越える力を獲得できます。

あそぼー
ケロッ
一生いろんな子と
生きていくんだよ

もちろん、度が過ぎたものに対しては、大人として対応も必要ですよね

イライラが半分ですむ方法

こんなことで悩んでいませんか？
・優しいママになりたかったのに、ついどなっちゃう……。
・何度言っても聞かないから、ついたたいちゃう……。
怒りを減らすためのヒント集です。

〈ヒント1〉環境を変える

毎日同じことで怒っているとするならば、環境の側に原因があるのかもしれません。子どもが、やりやすく、うまくできるように環境を変えてみましょう。

子どもが片づけられるだけの量に減らす。
飽きてきたら入れ替えましょう。

すると

上手に片づけられるようになります。

〈ヒント2〉原因を取り除く

どんなにいい子でも、ＤＶＤやお菓子漬けにして、睡眠不足にさせれば、キーキー、グズグズと情緒が不安定な子どもになってしまいます。怒る前に原因を除きましょう。

乱暴
イライラ
怒りっぽい
ぐずぐず
キーキー
だらだら

外で体を動かして遊び、酸素不足を解消する。

ＤＶＤやテレビゲーム（過剰な視覚刺激や聴覚刺激）を減らす。

戦いものの番組を見せない。武器のおもちゃを与えない。

甘いお菓子やジュースを減らす。

朝食抜きや栄養の偏りをなくす。

夜は９時までには寝かしつける。

いやしたり
ほめたりするより
か〜んたん

幼児の情緒不安定は、親のかかわりよりも、体に原因があることの方が多いもの。たっぷり食べて、たっぷり遊んで、たっぷり眠って、気持ちのよい体を作ることが、情緒の安定につながります。

怒りの対処

ちょっとしたことで、とっても怒ってしまって、後でふかーく反省することってありませんか？怒りのおさめ方、みんなどうしているんでしょう……。

カーッとして手が出そうなとき

子どもは自分よりも力が弱くて小さな人間です。感情を抑える自分なりの方法を見つけてみましょう。

その場から離れる

トイレへこもる、ほかの部屋に閉じこもる、パパにまかせて家出というツワモノも。

思春期を想像する

自分よりもずっと大きくなった息子や娘を想像すると……。

もう、泣いてしまう！

あなたは、よくがんばっています。

怒りの予防法

- 優しい雰囲気の服を着る。
- 甘いものを食べすぎない。
- 鏡だらけにしておく。
- なるべく外へ出かける。
- 疲れすぎないようにする。
- 十分に睡眠をとる。
- 時々子どもから離れリフレッシュする。
- 深夜までメールやインターネットをしない。

しつこく怒ってしまうとき

「まったくいつもそうなんだから」とネチネチ説教をされるより、「コラ！」と怒鳴られる方が子どもは傷つかないのだとか……。

しわが増えると思う

ブツブツ

美と健康のために、怒る時間は短めに。

園で友達に同じことを言っている姿を想像する

ブツブツ
ブツブツ
ブツブツ
ブツ

園での遊びやおしゃべりは、ママの口調にそっくりです。

自分に言い聞かせる

まだ生まれて3年だから
できなくてあたりまえ
しつこいぞ
もうおしまい
これ以上言うと
性格が曲がるぞ

冷蔵庫に大きく「しつこく怒らない」と書くのも効果的。

親は自分が育てられたようにわが子を育てるといわれます。自分が子どものころひどくたたかれたから、私も子どもをたたいてしまうのではないかと不安に思う人もいるでしょう。しかし人間は、親とは違う生き方をすることができます。過去にとらわれて不安を感じる必要はありません。太陽のような笑顔と強い意思で、過去の亡霊を消してしまいましょう。

ときにはママもリフレッシュ！

どんなにかわいい子どもでもずっとずっといっしょにいたら、ときにはイライラすることもあります。とにかく眠りたい日もあります。ママが元気でいるために、こんなサービスを利用してみませんか。

ご存じですか？　こんなサービス

一時的な保育

保育園や子育て支援センター、子育て広場などで一時的な保育を行っているところがあります。体調が悪いとき、心や体の疲れがたまりすぎたときには、一時的な保育を利用してリフレッシュしてみましょう。子どもが小さいときには無理をしがちですが、自分の体も大切にしてくださいね。子どもにとっても、よその人にかわいがってもらうことやほかの友達と遊ぶことは、とてもよい経験となります。

預けるときの留意点

◆子どもに話しましょう

「大事な用事があるの」「終わったら、必ず迎えにくるからね」「おばちゃんやお友達と遊べるよ、よかったね」と、預けるときに言い聞かせましょう。そのときは泣いても、後で回復が早いものです。

◆親が不安にならないこと

親が不安を感じると、子どもは無意識に不安を感じ、離れようとしません。「大丈夫だ」と自分に言い聞かせ、心配しないようにしましょう。

子育て支援

幼稚園、保育園、子育て支援センター、子育て広場などでは、園庭開放や遊びの場の提供、講座などを行っています。何でも気軽に相談してみましょう。

ファミリーサポートセンター

事前登録によって、預かり会員の自宅でゆったりと預かってもらえます。小中学生の兄弟がいるご家庭など、家族ぐるみでかわいがってもらえる場合もあります。実家が遠い、知り合いがいないなどの場合には、ぜひ利用してみてください。１時間500円～900円程度です（市町村によって異なります。設置がない市町村もあります）。

預かり会員　　　　　　お願い会員

パパ、頼りにしています

働き盛りのパパにとって、家庭と職場の両立は難しいもの。でも、二度とやってこないわが子が幼くかわいい時期。妻も不安でかわいい時期……どうぞ早くお家へ帰ってあげてください。

パパへお願い

出産後はパパのほんのちょっとの手助けが本当にうれしい時期です。

パパ、早く帰ってきて

初めての育児だとママは不安でいっぱい。何もなくとも、パパが帰ってきてくれただけでホッと一安心できます。「大変だね」「よくがんばっているね」という一言で、疲れが吹き飛ぶものです。

赤ちゃんは振動と人ごみが苦手です

赤ちゃんの脳は振動に弱くできています。首が座らないうちに、だっこやベビーカーで長時間連れ回すことは厳禁です。ドライブやデパートの買い物へ連れて行くのはまだまだ先。刺激の強い人ごみには、なるべく連れていかないようにしましょう。

3か月ごろになると首がすわりますので、そのころからだっこで散歩に連れていけるようになります。休日には、1時間でも散歩に連れ出して、年中無休のママをリフレッシュさせてあげましょう。

テレビゲームは子どもが寝てから

仕事から帰ってくると、赤ちゃんをだっこもせず、家事も手伝わずに野球やテレビゲームに夢中のパパ……。「まるで子どもが2人いるみたい」「あの時期に離婚を決意した」と後から言われないように……。

おつまみを食べさせないで

赤ちゃんの胃は、母乳以外のたんぱく質を消化する機能が未熟です。油の入った食品や、肉・魚・卵・チーズなどのたんぱく質を赤ちゃんに食べさせると、わずかな量であってもアレルギーの原因になることがあります。

ビーフジャーキーやチョコレート、アイスクリームなど、おつまみやお菓子は赤ちゃんには食べさせないようにしましょう。

お酒は脳に障がいが残る場合もありますので絶対に飲ませないようにしましょう。

子どもがいる暮らし

子どもが生まれると、大人中心の暮らしから子どもに合わせた生活となります。

家が散らかります

初めての出産では、一日中、おっぱいとおむつで手一杯。2人目が生まれたら、上の子どもの相手はろくろくできない状態。核家族だと、どの家でも家の中が散らかります。パパは、家に早く帰って片づけをする、おもちゃを次々に買ってきたりしないなど、家庭の美化にご協力を。

ママが寝ていることが増えます

授乳中は毎日献血しているようなもの。疲れて眠くなって当然です。昼間に子どもを外遊びへ連れていくママの場合、子どもといっしょに9時前に寝てしまうことも多いでしょう。

上の子が赤ちゃん返りをすることがあります

おしっこをもらすようになる、だっこを求める、赤ちゃん言葉を使うなど、子どもによって違いはありますが、寂しさから親を求める行動が増えます。ぜひ上の子どもと体を使って遊んであげてください。

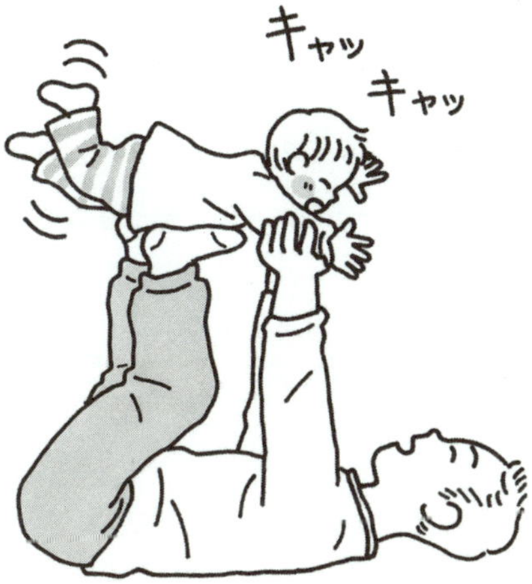

マタニティーブルー

出産後は、ホルモンバランスが崩れ、睡眠も十分に取れないことから、心身ともに調子を崩しがちです。ちょっとしたことで怒り出したり泣き出したり精神的に不安定になることもあります。出産後、母体が元に戻るまでは6～8週間かかります。その間は、母親も赤ちゃんと同じぐらい睡眠と休息が取れるように、家事を交替したり、家事を省略するように言いましょう。

おもちゃ選びのヒント

完成したおもちゃより、遊びの素材を選ぶ

子どもが遊びの中で必要としているのは、おもちゃではなく遊びの素材です。

素材 ＋ 想像力 思考力 ＝ 遊び

よい素材って……

水、砂、泥、土、草など

紙、ひも、布、箱、お手玉など

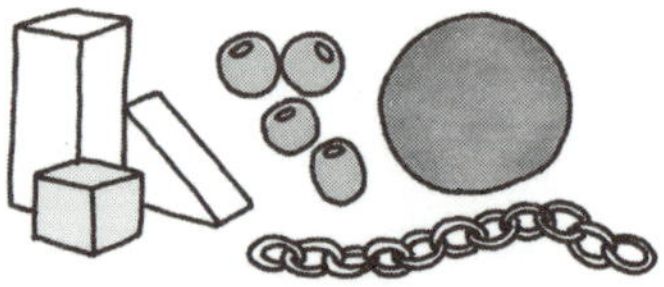

積み木、ボール、チェーンリング、木製ビーズなど

何もなくても子どもは遊ぶのか？

「何もなくても子は遊ぶ」というのは、家の周りに土や草や石ころや水たまりがあった時代のこと。そのような遊びの素材が豊富だった時代と違い、今子どもの周囲には、遊びの素材は転がっていません。
また、乳幼児は手指操作が急速に発達する時期です。特に1歳から３歳の子どもは、常に手を使いたがっています。乳幼児の遊びには、手が十分に使える遊びの素材を用意することが必要です。

おもちゃをゴミのように扱っていませんか？
おもちゃは子どもが「はじめて出会う物」です。おもちゃの扱い方は、物をどのように扱うかにつながります。大人が、箱をひっくり返しておもちゃを出したり、箱に投げるように片づけをしていると、子どももまねをするようになります。物を大切に扱うことを伝えたいと思ったら、おもちゃは棚に並べて大人が大切に扱ってみせましょう。

発達と合ったおもちゃ

発達にぴったりと合ったおもちゃは、子どもに「うまくできた」という達成感をもたせます。反対に発達に合わないおもちゃを与えると、上手に扱えないためにすぐに飽きてしまったり、かんしゃくを起こしたりすることがあります。

例えば ガラガラでは…

手が十分に開かないころ

持ち手の細い軽いもの
(顔にぶつけても大丈夫)

口へ入れる時期

薄手のタオル人形

おすわりの時期

大きさ、重さのあるもの

両手で持てるもの

例えば ままごと道具では…

小さなままごと道具だと

うまく
あつかえない
中に ものが
入れられ
ない
うつしかえ
が
できない

指先だけでうまく扱えるのは4歳以降

本物の台所用品なら

たっぷり
つめこめる
入れたり出したり
できる
かきまぜられる

腕全体を肩の付け根から動かして遊ぶ
1、2歳児にぴったり！

コミュニケーションの上手なおもちゃ

子どもにコミュニケーションの力を育てたいと思ったら、おもちゃもコミュニケーション上手なおもちゃを選びましょう。水や砂のように、応答性が高いおもちゃを選びます。子どもの働きかけに応じて形が変わると、子どもは達成感を得ることができます。

子どもを無視しない

これではちょっと……△

これがいい！○

電池で勝手に走る自動車

ブッブー

木の自動車

子どもの行為に合わせて返事を返す

これではちょっと……△

投げても
ふんでも
こわれない

これがいい！○

ぎゅっと握ると
形が変わる
そおっとさわると
変わらない
泥団子

年齢別の遊びとおもちゃ

生まれてから10か月ごろ

・人との信頼関係を形成する時期
・注意を向ける力を獲得する時期
・動くことにより五感を統合させていく時期

この時期の遊び

・人や物をじっと見る、目で追う。
・耳をすませてじっと聞く。
・物を触る、にぎる、振る、なめる、いじる。
・手足をバタバタさせる。
・うつぶせや仰向けで遊ぶ。
・あーあーなど声を出す。

この時期のおもちゃ

○単純な色や形で、目で追える速さで動くモビールなど。
○手に持ってなめたりしゃぶったりできるガラガラや布など。
○ボールなど単純な動きをする物。

この時期に向かないもの

×動くスピードが速いメリーやおもちゃ。
×カラフルな色がごちゃごちゃ混じっているもの。
×自然とは異なる視覚刺激を与えるテレビやDVDなど。
×新奇すぎるもの、リアルすぎるもの。
　（アニメキャラクターなど）
×音が大きいおもちゃ、音が出続けるもの。
×子どもの行為に関係なく動くもの。

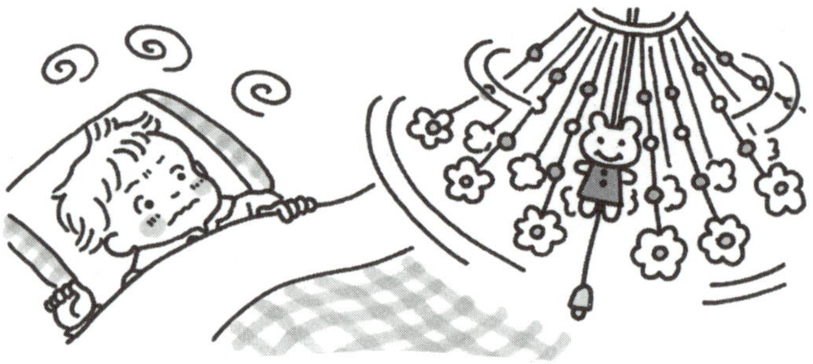

10か月から１歳半

・環境を探索して物を触り動き回る時期
・大人とのやりとりを楽しみ、まねが盛んな時期
・全身を大きく活発に動かす時期

この時期の遊び

・物を倒す、ひっくり返す、物を詰め込む、落とす、バラバラにする、投げる。
・スコップやスプーンなどの道具を使い始める。
・歩く、高いところに乗る、降りるなど体を動かす。
・「飛行機ブーン」「高い高い」など体を動かしてもらう。
・「もってきて」「ちょうだい」など大人とのやりとりをする。
・喃《なん》語を話す、歌に合わせて体を動かす。

この時期のおもちゃ

○ビルディングカップ（転がす、倒す、積み重ねる、入れ込む）。
○積み木（倒す、積む、並べる、入れ物へ入れたり出したりする）。
○ボール。
○人形と布。
○段ボール箱（出たり入ったりする）。
など

この時期に向かないもの

×おもしろいテレビ番組やDVDなど体をじっとさせるもの。
×音や刺激を一方的に与えて探索活動の邪魔をするもの。
×新奇すぎるもの、リアルすぎるもの。
×子どもの行為に関係なく動くもの。
×穴入れ、パズルなどのうち、操作が難しすぎるもの。

1歳半から3歳ごろ

・想像遊びが盛んになる時期
・言葉が爆発的に増える時期
・道具の使い方に慣れる時期
・体を動かし次第に動きが滑らかになる時期

この時期の遊び

・外遊びが中心になる時期。外で走る、登る、滑るなど体をさまざまに動かす。
・物を見立てたり、つもりになったりして遊ぶ。
・道具を使って遊ぶ（すくう、かきまぜるなど）。
・入れる、出すなど簡単な操作遊び。
・積み木や粘土で作った物に「ぞうさん」などと命名する。
・うたう、踊る、しゃべる、話を聞く、絵本を読んでもらう。

この時期のおもちゃ

○砂遊び・水遊びの道具。
○人形とままごと道具。
○積み木と木製の動物。
○自分で動かす自動車。
○お絵かき道具。
○操作遊びのおもちゃ。
○図鑑・絵本。
○段ボール箱。
など

この時期に向かないもの

×おもしろいテレビ番組やＤＶＤなど体をじっとさせるもの。
×線をなぞったり形に合わせて色を塗るなど型にはめるもの。
×字や数字など概念を学習するもの。
×子どもの行為に関係なく動くもの。
×ひとりごとの邪魔をする音が鳴り続けるもの。

4歳から6歳ごろ

・友達と遊ぶことが、遊びの中心となる時期
・知識を旺盛に吸収する時期
・少しずつルールを守れるようになる時期
・手指、体の器用さが増す時期

この時期の遊び

・アスレチック、スキップなど手足をバランスよく動かす運動遊び。
・友達とイメージをすりあわせるごっこ遊び。
・鬼ごっこ、わらべうた、ボードゲームなどルールのある集団遊び。
・折り紙、パズル、織物、迷路の線引きなど複雑な操作遊び。
・積み木、ブロック、箱工作、描画など自分のイメージしたものをそれらしく作ってみようとする構成遊び。
・歌う、踊る、リズム遊び、話をする、話を聞く、絵本、言葉遊び。

この時期のおもちゃ

○世話ができる人形、指人形や手袋人形、小さな人形。
○変身できる大布、スカート、帽子など。
○ごっこ遊びの材料になるおもちゃ（注射器など）。
○折り紙、工作の材料となる広告紙、空き箱、段ボールなど。
○積み木、細かなブロック、手織機、ビーズ、チェーンリングなど。
○あやとり、カルタなどのカードゲーム。
○コマ、トランポリン、なわとびなど。
○図鑑、絵本。

この時期に向かないもの

×おもしろいDVDなど、長時間自発性、積極性の発揮を奪うもの。
×音や映像の刺激が強いテレビゲーム系のもの。
×我慢や努力なしに容易に達成感が得られるもの。
×暴力やいじめなど反社会的行動を誘発するもの。

おわりに

保育園や子育て広場で、たくさんのお父さん、お母さんと接する中で、親は子どもを愛している、子どもに幸せになってほしいと心から願っている、このことを強く感じてきました。子どもを持った親御さんたちが、「子どものため」と苦手なことに挑戦し、強くたくましく変わっていく姿をどれほど見てきたことでしょうか。

しかし、子どもを健やかに育てたいという親の思いとは裏腹に、子どもを取りまく環境は悪化しているように思えます。

家の周囲に子どもたちの遊び場はなくなり、保護者はかかりっきりで子どもの安全を見守り、子どもを遊ばせるためだけに公園へ連れていかなければならなくなりました。

長時間の乳幼児向け番組の放映に加えて、ＤＶＤ、電子ゲーム、パソコン、携帯が子育てに用いられるようになり、子どもたちは自分で遊びをつくりだす機会を失おうとしています。親には、子どもにこれらの使用を制限するという大変な仕事が加わりました。

しかし、これらの問題を解決するヒントもまた、子育てにあるように思います。

子どもが家族に加わると、食べること、眠ること、体を動かすこと、家族で話し笑いあうこと……ていねいに暮らすことが大切だと思うようになります。

モノやサービスを消費することを「豊かさ」と勘違いしそうな大人たちに、幼い子どもたちは砂場で飽きることなく遊んでみせ、自分でつくりだす豊かさに気づかせてくれます。

わずらわしい関係はできれば避けたいと思う私たちを、人の中へと引っ張り出し、ほかの子が持つスコップを取り上げ、親に頭を下げさせます。

母親を後追いし、帰ってきた父親に飛びつき、家の中を笑いや涙でいっぱいにします。

子どもたちは、私たち大人に、暮らしや価値観の見直しを迫っているのではないでしょうか。

子どもを社会の真ん中において、「子どもが育つ環境」として、家庭と地域と社会のあり方を見直してみたとき、私たちは、もう少しよい生き方ができるようになるのかもしれません。

ひだまり通信は、子育て広場を利用してくださったみなさんとの出会いなくしては書けませんでした。「ひだまり通信を本にしてほしい」と言われながら 10 年、やっと書店で手にとれる本となりました。
私の稚拙なイラストをすばらしいイラストに変身させてくださった藤原ヒロコさん、出版にお力添えをいただきました鶴見さん、東條さん、心から信頼する子育て支援の仲間たち、そして大切な家族に、心からの感謝を伝えたいと思います。ありがとうございました。

高山 静子

著者紹介
高山 静子　東洋大学大学院 ライフデザイン学研究科教授

子育て中に保育士の資格を取り保育士に転職。
保育士を退職後、保護者とともに地域子育て支援に10年間携わる。
中村学園大学非常勤講師、浜松学院大学准教授を経て、平成25年より東洋大学准教授。平成30年より現職。
子育て支援者コンピテンシー研究会代表。教育学（博士、九州大学大学院）。

主な近著
『育つ・つながる子育て支援──具体的な技術・態度を身につける32のリスト』（共著／チャイルド本社）
『子育て支援の環境づくり』（単著／エイデル研究所）
『学びを支える保育環境づくり』（単著／小学館）
『保育者の関わりの理論と実践』（単著／エイデル研究所）他多数。

表紙カバー・本文イラスト ◆ **藤原ヒロコ**
表紙カバー・扉・本文デザイン ◆ **竹内玲子**
本文校正 ◆ **文字工房燦光**
編集協力 ◆ **東條美香**
編集担当 ◆ **石山哲郎、鶴見達也**

子育て支援
ひだまり通信
遊びとしつけの上手なコツ

2010年７月　初版第１刷発行
2023年１月　　　第10刷発行

著者　高山静子　©Shizuko Takayama 2010
発行人　大橋 潤
発行所　株式会社チャイルド本社
〒112-8512　東京都文京区小石川5-24-21
電話03-3813-2141（営業）　03-3813-9445（編集）
振替00100-4-38410
印刷所　共同印刷株式会社
製本所　一色製本株式会社
ISBN978-4-8054-0172-9
NDC379　24×21㎝　96P